Montse Bradford

LAS PROTEÍNAS VEGETALES

Si este libro le ha interesado y desea que le mantengamos informado
de nuestras publicaciones, escríbanos indicándonos qué temas son de su interés
(Astrología, Autoayuda, Psicología, Artes Marciales, Naturismo,
Espiritualidad, Tradición...) y gustosamente le complaceremos.

Puede consultar nuestro catálogo en www.edicionesobelisco.com

*Los editores no han comprobado la eficacia ni el resultado de las recetas,
productos, fórmulas técnicas, ejercicios o similares contenidos en este libro.
Instan a los lectores a consultar al médico o especialista de la salud ante
cualquier duda que surja. No asumen, por lo tanto, responsabilidad alguna
en cuanto a su utilización ni realizan asesoramiento al respecto.*

Colección Salud y Vida natural
LAS PROTEÍNAS VEGETALES
Montse Bradford

1.ª edición: abril de 2019

Corrección: *Sara Moreno*
Diseño de cubierta: *Enrique Iborra*
Fotografías: *Becky Lawton* y *Emma Bradford*

© 2019, Montse Bradford
(Reservados todos los derechos)
© 2019, por las fotografías: Emma Bradford (Págs. 94, 98, 112, 149 y 189)
Becky Lawton (Págs. 89, 92, 97, 105, 106, 111, 127, 132, 135, 141, 144, 167, 170,
175, 176, 182, 203, 204, 213, 216, 221, 241, 248, 256 y 261)
Shutterstock (el resto de fotografías)
(Reservados todos los derechos)
© 2019, Ediciones Obelisco, S. L.
(Reservados los derechos para la presente edición)

Edita: Ediciones Obelisco, S. L.
Collita, 23-25. Pol. Ind. Molí de la Bastida
08191 Rubí - Barcelona - España
Tel. 93 309 85 25 - Fax 93 309 85 23
E-mail: info@edicionesobelisco.com

ISBN: 978-84-9111-434-5
Depósito Legal: B-1.557-2019

Printed in India

Montse Bradford

LAS PROTEÍNAS VEGETALES

EDICIONES OBELISCO

Capítulo 1

Las proteínas vegetales

Aunque existen muchas clases de proteínas vegetales, en este libro profundizaremos solamente en las más populares, las que en general son más empleadas y aceptadas por ser proteínas de alta calidad, las más naturales y las menos procesadas, ya que hoy en día existen muchas clases de proteínas vegetales, imitaciones de las proteínas animales, con cantidad de ingredientes, condimentos y sabores.

Para tener salud y sentirnos con energía y vitalidad, nuestro cuerpo necesita alimentos naturales, sin procesar, alimentos de procedencia local y de origen vegetal.

Las legumbres

Existen en todos los países gran variedad de legumbres que, además de ser un buen complemento de los cereales integrales, nos ofrecen un considerable aporte proteico. Juntos pueden proporcionar un equilibrio completo de todos los aminoácidos esenciales que nuestro cuerpo necesita, para no recurrir a los alimentos animales ni a las grasas saturadas.

Existen muchas teorías sobre cómo combinar los alimentos de forma apropiada. Una de ellas se basa en la incompatibilidad de mezclar carbohidratos (cereales) con proteínas vegetales (legumbres). Sin embargo, mi experiencia personal en la cocina energética me indica que no existe en absoluto esta incompatibilidad.

Si estudiamos con profundidad pueblos y civilizaciones antiguas, veremos que siempre en todos los países ha habido riqueza de un cereal, o varios, y de legumbres, y que en sus comidas mezclaban ambos.

Asimismo, si analizamos a nivel más científico, veremos que un simple y humilde grano de cereal (arroz, cebada, trigo, etc.) contiene carbohidratos, pero también contiene proteínas. Si analizamos un simple y humilde grano de leguminosa (lenteja, garbanzo, etc.), éste contiene proteína, pero también contiene carbohidratos.

Si ya la naturaleza nos provee de estas dos cualidades en un solo grano, ¿por qué los humanos, con nuestras teorías, deseamos dividirlos y separarlos?

Un tercer punto, y puede que el más importante, es el experimentar cómo nos sientan en una misma comida esta combinación: un buen arroz con una sopa de lentejas, o un plato de mijo y verduras con paté de garbanzos, o quinoa con un cocido de judías blancas… Nuestro cuerpo es el que nos dirá los resultados. Personalmente, creo a que pueblos y civilizaciones pasadas –y para no ir tan lejos, nuestros abuelos– ¡les sentaba de maravilla!

La cocción correcta de las legumbres es siempre esencial para hacerlas totalmente digestivas. Si se cocinan con una pequeña cantidad de algas (especialmente kombu o wakame), se facilitará la absorción de nutrientes a la vez que se cocinarán más rápidamente (*véase* capítulo 6, «Las legumbres»).

Si adoptamos una dieta vegetariana, deberemos ir poco a poco, el cuerpo necesita acostumbrarse y aprender a absorber de forma natural las proteínas vegetales, ¡totalmente olvidadas desde hace años! Muchas personas se quejan de que no pueden comer legumbres por problemas de gases, flatulencias, indigestión… Aunque la legumbre tiene un efecto más expansivo, el problema no radica en ella, sino en la calidad del sistema digestivo de la persona en cuestión.

Esto ocurre cuando nuestra alimentación se basa en alimentos que producen expansión en el sistema digestivo –exceso de especias, muchos crudos, frutas, vinagres, alcohol, bebidas con gas, azúcares refinados, frutas tropicales, levaduras y bollería, etc.– o que nos producen mala absorción por perdida de flora intestinal –todas las proteínas animales de grasa saturada–.

Por supuesto que al comer legumbres puede tengamos algún efecto indeseado, pero el problema no radica en la legumbre, sino en nuestra forma de alimentarnos.

Otras causas de los problemas de gases, flatulencias y expansión intestinal:

* No cocinar las legumbres el tiempo necesario.
* Combinarlas con alimentos de expansión (especias, verduras crucíferas, vinagres, crudos…).
* Combinar varias legumbres.
* Mezclar muchos ingredientes.

Algunos tipos de legumbres

* Garbanzo castellano: Pequeño y de color amarillento. Tendencia más bien harinosa.
* Garbanzo blanco: Variedad popular de grano grande.
* Lenteja rubia castellana: Es la variedad más común. Tamaño grande.
* Lenteja beluga: Muy pequeña, de color negro, muy nutritiva.

* Lenteja pardina: Sabor agradable y suave al paladar. Es la que más espesa.
* Lenteja de la Armuña: De gran tamaño y calidad.
* Frijoles: Variedad típica de la cocina criolla, muy extendida en América Central.
* Judía blanca: Es la de mayor producción y demanda para guisos. Grano blanco.

* Alubia de Tolosa: Grano oscuro, casi redondo. Pequeña y harinosa, muy apreciada para guisos en el País Vasco.
* Pinta de León: Al cocer pierde color, pero nunca su rico sabor. Tiene el grano de color oscuro jaspeado.

* Judión de la Granja: El tamaño es muy grande. Es fina y suave.
* Faba asturiana: Base de la deliciosa fabada.

* Judía careta: Blanca con puntos negros. Se utiliza mucho en Estados Unidos.

Tofu

El tofu es un derivado de la soja amarilla, de delicado sabor y textura cremosa y ligera. Es el cuajo que se obtiene al cortar la leche de soja.

Sus ventajas

❖ Tras haberse eliminado la pulpa y los hidratos de carbono hidrosolubles, el tofu posee una digestibilidad del 95 %, frente al 65 % de la soja amarilla cocida.

❖ Es rico en minerales y vitaminas.

❖ El tofu sólo contiene un 4,3 % de grasas, de las que un 80 % no son saturadas.

❖ No contiene colesterol, y además, gracias a su alto contenido en ácido linoleico, permite eliminar los depósitos de colesterol que puedan existir.

❖ Si se cuaja con cloruro de magnesio natural (nigari), el tofu contiene un 23 % más de calcio que la leche de la vaca. Es rico en hierro, fósforo, sodio, potasio y vitaminas del grupo B y E.

❖ Pese a tener un contenido de agua parecido al de la leche de vaca, el tofu contiene el 8 % de proteínas, frente al 3,5 % de la leche de vaca.

Las excelentes cualidades de la soja amarilla

La soja amarilla es altamente nutritiva. Contiene el doble de proteínas y cinco veces más grasas que las demás legumbres. Es un perfecto sustituto de la carne en cuanto a propiedades nutritivas.

La soja amarilla tiene muchísimas más ventajas que las proteínas animales:

❖ Sus grasas están libres de colesterol y son grasas no saturadas.

❖ Contiene carbohidratos, vitaminas y fibras de buena calidad.

❖ La soja suministra diez veces más cantidad de proteínas que otros alimentos de su misma categoría.

El cultivo de la soja amarilla en Oriente tiene una antigüedad de más de tres mil años, y ha sido uno de los principales recursos proteínicos durante multitud de generaciones.

Sin embargo, no es recomendable tomar la soja amarilla simplemente cocinada (a menos que se sepa cocinar debidamente), debido a la purina que contiene. Existen, no obstante, distintos derivados que ofrecen excelentes resultados. Los derivados de la soja amarilla más conocidos son el tofu y el tempeh. Hoy en día ya existe tempeh confeccionado de otras legumbres fermentadas. Animamos a que se empiece a elaborar tempeh (legumbre fermentada) de legumbres más locales en cada país.

FABRICACIÓN CASERA DE TOFU

INGREDIENTES: 1 taza de soja amarilla remojada en 4 tazas de agua durante 10 horas, luego lavadas y escurridas, solidificante nigari* (2 cucharaditas por taza de soja), agua.

PREPARAR CON ANTERIORIDAD:

En una cazuela alta, colocar un colador resistente cubierto de una gasa (para colar la soja amarilla).

1. Hervir 5 tazas de agua en un recipiente.

2. Mezclar la soja remojada con 2 tazas y 2/3 de agua y hacerla puré (a velocidad máxima durante 3 minutos, o hasta que su consistencia sea muy cremosa).

3. Añadir el puré al agua hirviendo. Aclarar el recipiente en donde se ha hecho el puré con un poco de agua y añadirlo al resto. Hervir a fuego alto, vigilando que no se desborde ni se queme en el fondo. Ir removiendo con una cuchara de madera.

4. Cuando la espuma empieza a sobresalir del recipiente, apagar el fuego y verterlo en el colador con la gasa. Todo el líquido caerá en la cazuela (leche de soja) y la pulpa de la soja, llamada okara,** se quedará en la gasa. Prensar con una espátula fuertemente, sacando todo el líquido posible.

5. Hervir de nuevo la pulpa de la soja (okara) con 2 tazas de agua y volver a escurrir en el colador para extraer al máximo sus cualidades. Prensar bien.

6. Hervir la leche de la soja resultante de la cazuela a fuego alto durante 5-7 minutos. Apagar el fuego.

7. Añadir el solidificante*** y remover para que se disuelva en el líquido. Esperar unos minutos.

8. En el mismo colador con una gasa limpia, verter todo el tofu que se empieza a solidificar (tipo mató). Prensar bien, tapar encima con una gasa, un plato y un peso durante 30 minutos.

9. Sacar el bloque de tofu hecho y dejarlo en un recipiente con agua muy fría durante 5-10 minutos. Hasta que su consistencia sea firme. Y ya está listo para utilizarse.

Es imprescindible que el tofu fresco/crudo siempre se cocine antes de su consumo.

---

* El nigari natural se puede encontrar en tiendas naturales. Es cloruro de magnesio que se obtiene de forma natural de los cristales de sal de mar a partir de la evaporación del agua.

** Okara: Es el puré de la soja amarilla después de haberse colado. Como se puede ver por el proceso anterior, la pulpa de la soja está todavía cruda, no propiamente cocinada, por lo que si se desea utilizar, se deberá cocinar al menos 1 hora y media con un poco de alga kombu y a presión. Pocas personas, incluso después de cocinarse apropiadamente, pueden asimilarla y encontrarla beneficiosa como fuente de proteína.

*** Coagulantes/solidificantes: Hay varias formas de coagular la leche de soja: zumo de limón, vinagre, nigari o incluso agua salada. Aunque la experiencia nos ha demostrado que con nigari se obtienen los mejores resultados.

Diferentes estudios coinciden en afirmar que las mujeres japonesas no sufren síntomas premenstruales ni problemas durante la menopausia. Esto es debido a diferentes razones, puede que una de ellas sea el alto consumo de proteínas vegetales, derivadas de la soja, ricas en fuentes naturales de estrógenos. Pero otra razón también de peso es el escaso uso de proteínas animales con grasas saturadas.

Seitán

El seitán es la proteína del trigo o de la espelta (denominada gluten), que ha sido separada del almidón y del salvado gracias al amasamiento, lavado y luego cocinado.

Es un alimento muy nutritivo con todo su sabor y una textura parecida a la carne. Aunque es nuevo para muchos de nosotros, el seitán se ha usado tradicionalmente como una fuente de proteína vegetal durante miles de años en los países de Oriente.

Un seitán casero es fácil de elaborar y no requiere utensilios o ingredientes especiales, además es de escaso coste económico.

Es un alimento totalmente natural, a diferencia de la mayoría de las «carnes vegetales o de soja texturizada» que se encuentran en el mercado, y que son, en realidad, productos altamente procesados, con cantidad de ingredientes, sabores y colorantes.

Las únicas personas que no pueden consumir seitán son las personas intolerantes al gluten y los celíacos. Aunque sí pueden consumir toda clase de legumbres, tempeh y tofu. Una persona celíaca, si tiene deficiencia y debilidad, debería de complementar el apartado de proteínas vegetales con un poco de pescado y huevos.

FABRICACIÓN CASERA DEL SEITÁN

La elaboración casera del seitán puede dividirse en 6 etapas:

1. Escoger la harina

El seitán sólo se puede hacer con éxito con una harina de alto porcentaje en gluten. Hay que asegurarse al comprar la harina que en la etiqueta se la denomina «fuerte» o especial para la elaboración del pan. Puede ser 100%, 85% o blanca (lo que indica diferentes contenidos en salvado), aunque todas tienen el mismo contenido en gluten. Una harina integral de trigo 100% u 85% dará como resultado un seitán más suave, parecido al pan. Mientras que con la harina blanca el resultado será un seitán más firme. Si se utiliza directamente gluten de trigo, la consistencia será dura, tipo goma.

Sugiero utilizar una mezcla de harinas: mitad harina semiintegral tamizada (de 85%) y mitad harina blanca (para no tener que lavar tanto y hacer el proceso más rápido). Por supuesto, todas las harinas deberán ser biológicas de buena calidad. Y también que no contengan levadura en ninguna de sus formas.

2. Mezclar

Colocar la harina en un cuenco grande, lentamente añadir pequeñas cantidades de agua –poco a poco– y mezclar bien con una cuchara de madera o con las manos.

Luego mezclar con las manos para formar una masa (como si se amasara pan). La consistencia debería ser parecida a la masa del pan, sin que sea pegajosa. Con la práctica aprenderemos la cantidad adecuada de agua que necesitamos. Si hemos utilizado demasiada agua, añadiremos de nuevo más harina.

3. Amasar

Poner la masa a una mesa o tabla grande de madera. Empezar a amasar (alrededor de 10-15 minutos), hasta que la masa sea elástica y se pueda estirar sin romper.

4. Descanso

Dejar descansar la masa durante 30 minutos en un cuenco con agua templada, para que el gluten se ablande.

5. Lavado

Después de dejar la masa brevemente en agua, amasaremos de nuevo. Prepararemos dos cuencos grandes, uno con agua fría y otro con agua caliente. Si la masa es muy grande, la partiremos por la mitad.

Coger un trozo, sumergirlo en el agua fría y empezar a amasarla suavemente, para ir desprendiendo el almidón y el salvado. Ir alternando agua fría y caliente.

Ir cambiando el agua hasta que el almidón y el salvado se hayan desprendido casi totalmente. Su aspecto será de una masa elástica, de color marrón claro.

Empezar de nuevo con la otra mitad, hasta obtener una masa parecida.

6. Cocción

Preparar un caldo con agua, salsa de soja y alga kombu.

Proporciones indicativas: 1 litro de agua, 4-5 c.s. de salsa de soja, 2 tiras de alga kombu. Sabores: También podemos utilizar otros ingredientes, para dar sabor: rodajitas de jengibre, ajos (pelados o sin pelar), hierbas aromáticas frescas o secas, etc.

Colocar el líquido junto con el alga y condimentos a hervir. Añadir la masa de gluten, dejar cocer varios minutos y darle la vuelta con cuidado para evitar que se pegue al fondo. Utilizar siempre una cazuela grande y de fondo doble.

Tapar y cocer cada lado por igual, aproximadamente una hora. El gluten empezará a ganar volumen, y su consistencia cambiará a densa y firme. Añadir más agua, si es necesario, para mantener toda la masa cubierta de líquido mientras se cocina.

Después de una hora, apagar el fuego y dejar enfriar. Se puede conservar en la nevera perfectamente durante 10 días, siempre cubierto con el líquido de la cocción y en un recipiente hermético de vidrio.

Tempeh

La palabra *tempeh* significa «legumbre fermentada». El tempeh es un alimento de Indonesia, elaborado a partir de la soja amarilla parcialmente cocinada y fermentada. Hoy en día podemos ya disfrutar de otras legumbres fermentadas, como el tempeh de garbanzos.

Las características más destacadas del tempeh son:

❖ Contiene un 19,5 % de proteínas de gran calidad.

❖ Está libre de colesterol. Sólo contiene un 7,5 % de grasas, casi todas no saturadas.

❖ Es muy digestible gracias a las enzimas producidas durante la fermentación.

❖ Contiene vitaminas del grupo B y B12.

❖ Durante la fermentación que dará origen al tempeh, se producen transformaciones muy beneficiosas.

❖ Las oligosacarosas presentes en la soja se reducen considerablemente, por lo que no producirá tantos gases como las legumbres; para personas con sistemas digestivos débiles.

❖ También desaparecen los inhibidores que impiden la asimilación de los minerales en las legumbres.

❖ En su proceso de fermentación se producen agentes naturales antibacterianos que actúan como antibióticos contra algunos microorganismos patógenos. Esto explica que en Indonesia le atribuyan cualidades terapéuticas para tratar la disentería y otras enfermedades intestinales, dolencias a las que están constantemente expuestos.

❖ Contiene un antioxidante natural que evita que se estropeen las grasas de la soja y preserva biológicamente la vitamina E.

Se elabora remojando y cocinando la soja (sola o con algún cereal o semillas) y fermentándola en pequeñas cantidades en un lugar cálido con la espora *Rhizopus*. El resultado es una masa sólida que se mantiene unida gracias al aglomerado de las esporas.

FABRICACIÓN CASERA DEL TEMPEH

El tempeh puede elaborarse perfectamente en casa. Aquí están los pasos a seguir:

1. Colocar 1 kg de soja amarilla en un recipiente. En un plato colocar pequeñas cantidades de habas enteras de soja limpiándolas de impurezas.
2. Lavarlas en agua fría 3 o 4 veces.
3. Llevarlas a hervor con mucha agua. Retirarlas del fuego y dejarlas en remojo 8-12 horas en el agua de cocción.

4. Sacar y frotar las alubias entre las manos para sacar sus cáscaras. Lavar en agua.

5. Colocar las alubias en una cazuela con suficiente agua fresca para cubrirlas. Añadir una cucharada de vinagre orgánico de manzana (por kg de alubias) para acidificar y facilitar la fermentación. Hervir con fuego vivo (sin tapa) entre 45 minutos y 1 hora y media. El tiempo de cocción variará según el tipo de soja. Una vez cocidas, deberían estar blandas, aunque con textura firme. Sacar cualquier cáscara que todavía quede.

6. Escurrir las alubias. Extenderlas encima de una mesa y secarlas con un ventilador o secador. Enfriarlas hasta una temperatura de 35-40°C.

7. Añadir las esporas para empezar la fermentación: 1 cucharadita de fermento por kg de soja; si el fermento es antiguo y su potencial ha disminuido, usar 2 cucharaditas. Mezclar bien durante 2 minutos.

8. Colocar las alubias en pequeñas bolsas de plástico (aprox. 100 x 150 mm) de cierre hermético, agujereadas con pequeños agujeros distanciados unos 2 cm. Llenar las bolsas al máximo y cerrar. En Indonesia, la forma tradicional es envolver las alubias en hojas frescas de banana.

9. Extender las bolsas en una incubadora con estanterías hechas de malla metálica o tipo estanterías de nevera, para que el aire pueda circular y sin que las bolsas se toquen. Dejarlas durante 20-30 horas a 31°C. Cuando finalice la fermentación, cada bolsa debería ser una masa sólida de alubias con un moho blanco o negro alrededor.

10. Dejar las bolsas sobre una mesa para que se enfríen y almacenarlas en el frigorífico (sin amontonarlas unas con otras, ya que podría empezar de nuevo su fermentación). También es más práctico si directamente las colocamos en el congelador. Pueden guardarse durante varios meses.

Diferentes colores del tempeh

Después de la fermentación, el color blanco es un color normal. Si aparece cualquier otro color (rojo, amarillo, azul...) –que muy raramente puede suceder–, esto sería peligroso y el tempeh no debería consumirse.

Semillas

Las semillas y los frutos secos son la mejor fuente natural de vitamina E, y contienen también gran cantidad de proteínas, de grasas de buena calidad y de fácil asimilación y de vitaminas y minerales.

Las grasas que contienen son ricas en ácidos grasos poliinsaturados, muy diferentes a nivel energético de las grasas saturadas de los productos cárnicos. Las grasas de los frutos secos son bastante ricas en ácidos grasos omega-3, los mismos que se encuentran en el pescado azul.

A nivel energético, todas las semillas contienen todavía su memoria universal, están vivas, tonifican el cuerpo físico, refuerzan el sistema nervioso e incrementan la vitalidad (se les atribuyen efectos rejuvenecedores).

Contrariamente de lo que se piensa, las semillas «no engordan», incluso los frutos secos, utilizados sin exageración, no nos van a engordar si no los incluimos, claro está, en nuestra dieta diaria junto con los lácteos (grasas saturadas de naturaleza energética pegajosa y acumulativa).

Recomiendo tomar una pequeña cantidad diaria de semillas, tanto como tentempié o incluidas en toda clase de platos. Las semillas son recomendables para todas las edades, desde el destete hasta la vejez, ya que todos necesitamos un buen aporte de grasas de buena calidad. Es importante, pues, que no sólo relacionemos la necesidad de grasa con un consumo de aceite. La mejor forma, o la más natural, sería aumentar el consumo diario de semillas y frutos secos.

Recomiendo comprar semillas biológicas (sin químicos ni aditivos) y que puedan ser almacenadas en lugares más bien fríos y oscuros. La luz y el calor producirán su oxidación.

Hoy en día, debido a la globalización de los alimentos, se consumen numerosas semillas que hace unos años eran totalmente desconocidas. Por supuesto que nos proporcionan muchos beneficios para la salud, aunque vamos a tratar las semillas más conocidas que se encuentran en el mercado y de utilización más común: sésamo, girasol y calabaza.

Semillas de sésamo

Estas semillas han sido un alimento importante desde la prehistoria, especialmente en los países mediterráneos y del este. Es una de las plantas más antiguas cultivadas por sus semillas, las cuales son increíblemente nutritivas.

Hay numerosas variedades de semillas de sésamo. Las más utilizadas y conocidas son de color marrón claro. También se pueden encontrar las de color negro. Las de color blanco son semillas refinadas y trataremos de evitarlas.

Las semillas de sésamo contienen:
- ❖ Cerca del 35 % de proteína, incluso mucho más que algunos frutos secos.
- ❖ El doble de calcio del que contiene la leche de vaca.
- ❖ Cerca del 50 % de aceite, con alto contenido en vitamina E, lo que hace del aceite de sésamo uno de los más resistentes a la oxidación.

- ❖ La misma cantidad de hierro que el hígado.
- ❖ Gran cantidad de magnesio, fósforo, niacina y tiamina.

Recomendamos comprar las semillas de sésamo crudas y proceder a un secado ligero en casa (*véase* capítulo 10, «Forma básica de secado de semillas»).

Semillas de girasol

Las semillas de girasol provienen de la familia de las margaritas, originarias probablemente del norte de América.

El valor nutritivo de esta semilla es notable:
- ❖ Contiene más proteína que la carne.
- ❖ Excelente por su riqueza en ácido linoleico.
- ❖ La mayor parte de sus aceites y grasas son de naturaleza poliinsaturada.
- ❖ Es una buena fuente de calcio, fósforo, magnesio, hierro y vitaminas A, D, E y muchas del complejo B.

Recomendamos comprar las semillas de girasol crudas y proceder a un secado ligero en casa (*véase* capítulo 10, «Forma básica de secado de semillas»).

Semillas de calabaza

Estas semillas son las de tamaño más grande, de color verdoso claro.

Su valor nutritivo:
- ❖ Tienen un alto contenido en proteínas y grasas poliinsaturadas.
- ❖ Son el alimento vegetal más rico en zinc.
- ❖ Son una fuente excelente de hierro, fósforo, magnesio y vitamina A.
- ❖ Contienen además calcio y vitaminas del complejo B.
- ❖ Están especialmente recomendadas para problemas de próstata y para descargar parásitos intestinales.
- ❖ Poseen propiedades antiinflamatorias.

Recomendamos comprar las semillas de calabaza crudas y proceder a un secado ligero en casa (*véase* capítulo 10, «Forma básica de secado de semillas»).

Frutos secos

Todos conocemos muy bien las variedades de frutos secos que existen en los mercados, unos de origen local y del país, otros de origen tropical: **almendras**, **avellanas**, **nueces**, **cacahuetes**, **piñones**, **nueces pecanas**, **pistachos**, **nueces del Brasil**, **anacardos**, **nueces de macadamia**… Si vamos a utilizar frutos secos como fuente y complemento de proteína en nuestra alimentación diaria, recomiendo utilizar diversos tipos, pero con preferencia los de origen local. Desde las almendras a las avellanas, nueces, cacahuetes, piñones, etc., cada uno nos aportará cualidades y riqueza nutritiva en diferentes formas.

Almendra

Uno de los frutos secos más usados y populares en los países mediterráneos. Tiene un alto porcentaje de proteína, calcio, potasio, hierro, fósforo y magnesio.

Avellana

Las avellanas proceden mayoritariamente de Turquía. Son ricas en grasas y vitamina E.

Nuez

Las nueces protegen el sistema cardiovascular y refuerzan el cerebro. También por su consistencia cremosa y dulce, son un excelente sustituto de los productos lácteos.

Cacahuetes

Son legumbres que crecen bajo tierra. Son muy ricos en proteínas, contienen además vitamina B3 y ácido fólico.

Piñones

Son los frutos secos que contienen una mayor cantidad de proteínas. Son muy sensibles al calor, por lo que hay que tostarlos muy ligeramente.

Podemos incluir frutos secos en cualquier plato, desde cereales a pasta, proteínas, ensaladas, platos de verduras, algas, estofados, postres e incluso sopas. Todos los podemos complementar con las cualidades sabrosas y nutritivas de estos alimentos.

El polvo de almendras es un alimento único para espesar platos en lugar de harina. Muchísimo más versátil y de fácil digestión.

Podemos encontrar los frutos secos sin tostar/crudos, tostados sin sal, tostados con sal. Recomiendo comprarlos crudos e ir tostándolos a medida que los necesitemos (*véase* capítulo 10, «Tostado casero de los frutos secos»). Si vemos que nuestro problema es el tiempo, podemos comprarlos tostados, pero hay que ir con cuidado, ya que muchas veces los venden quemados, lo que elimina totalmente todas sus propiedades nutritivas (vitamina E, poderoso antioxidante) y ocasiona una pérdida a nivel económico y a nivel de salud (dañando nuestros intestinos por el factor de quemado).

Podemos, por supuesto, consumir frutos secos salados, pero hay que ir con mucho cuidado, ya que toda sal cruda va a dañar, tensar y agarrotar a nuestros riñones, con los consiguientes efectos de retención de líquidos, además de saturar y bloquear nuestro hígado, etc.

También existen en el mercado mantequillas o cremas de semillas y frutos secos: tahini de color claro (mantequilla de sésamo sin tostar), tahini de color más oscuro (mantequilla de sésamo tostado), mantequilla de girasol, de almendras, avellanas, cacahuete… Estos alimentos naturales, pero tan concentrados, recomiendo utilizarlos diluidos con agua caliente para aliños, para complementar patés, para cremas dulces, postres, etc.

A nivel energético, vemos que son densos, espesos, oleosos y producirán acumulaciones de energía y mucosidad muy parecidas al consumo de lácteos si se toman tal cual, sin diluir y en exceso.

Capítulo 2

¿Necesitamos comer proteínas animales?

Lo que nuestro cuerpo necesita

La forma de vida de nuestros antepasados era muy diferente a la nuestra. Desde los últimos años, debido a la modernización de la agricultura y a los productos procesados, nuestra forma de vida y de alimentación se ha ido apartando más y más de la forma tradicional y natural, y así nuestro cuerpo lo está expresando. Comida ya preparada, empaquetada, lista para calentar en el horno microondas, con un alto contenido en sal, grasas saturadas y calorías vacías; pobre en fibra, vitaminas, carbohidratos y aceites de buena calidad y con falta de vitalidad, energía fresca, pura, vibrante, ¡con vida!

Es comida «vacía» que puede que nos «llene» al comerla durante un par de horas y nos produzca de nuevo un bajón de energético, con lo que necesitaremos de nuevo reponernos con más azúcar, estimulantes, tentempiés salados…, ¡es una rueda sin principio ni fin!

Nuestro sistema digestivo es el encargado de recibir, digerir y transformar lo que comemos, y se ve afectado por la pobre calidad de lo que le damos.

¿Qué clase de alimentos necesitamos?

Alimentos puros, producidos de forma natural, libres de químicos en cualquiera de sus formas. Alimentos que nuestra Madre Tierra nos proporciona, biológicos y sin procesar.

Existen en el mercado infinidad de productos llamados «naturales», especialmente carnes vegetales, que realmente son una mezcla química de proteínas vegetales. Es importante que cualquiera que sea nuestra filosofía, nos centremos en utilizar alimentos naturales y sin refinar, alimentos sin manipular y de buena calidad.

Puede que relacionemos esta clase de alimentación con que es muy aburrida y sosa, que la vida es para disfrutarla, que no somos monjes, qué dirán nuestros amigos, familia, qué les daremos a nuestros hijos en lugar del bizcocho o del trozo de embutido, ¿significa el fin para nosotros de poder salir, socializarnos, ir a restaurantes, reuniones? ¿Nos pasaremos la vida comprando, fregando y cocinando?

Para todas estas dudas hay una respuesta categórica, clara y basada en muchos años de experiencia: una alimentación sana y natural no está reñida con una cocina deliciosa, sensorial, con color, sabor, atractiva, simple de cocinar ¡y con la absoluta garantía de que nuestro cuerpo lo agradecerá al máximo!

¿Cuándo es el momento ideal de nutrirnos?

Hay que reflexionar sobre nuestro estilo de vida y amoldarnos a nuestras actividades diarias. Cada persona es única y no hay reglas fijas que puedan adaptarse a todos.

Pero hay que observar cuándo nuestro cuerpo se siente con más hambre, nuestro metabolismo es diferente para cada uno de nosotros. Cuándo podemos tomar la comida principal del día y cuándo una más ligera. En cuáles necesitamos más cantidad de proteína y en cuáles tan sólo una cantidad mínima. Puede que cada día sea diferente de acuerdo a las actividades extralaborales que tengamos.

Es importante nutrir nuestro cuerpo tres veces al día. Un buen desayuno nos dará la base para empezar el día con energía y vitalidad. Mientras que olvidarnos de él, pasar al almuerzo con un simple tentempié y llegar a la tarde hambrientos, será la receta ideal para la desesperación de la tarde y la noche, ¡para no parar de comer y abusar de nuestro cuerpo una vez más!

La cantidad desempeña también un papel muy importante en la futura calidad energética de nuestro cuerpo. Es mejor pequeñas cantidades distribuidas tres veces al día que una gran dosis una vez al día. Al comer varias veces al día, la energía se distribuirá paulatinamente a través del cuerpo y nos dará los resultados deseados para seguir con nuestras actividades diarias. Al comer una gran cantidad, todos nuestros sistemas se colapsarán, nos sentiremos cansados, pesados y con sueño…

¿Cómo comemos?

Hoy en día vemos más y más personas comiendo en la calle, caminando rápidamente para llegar a su destino, en transportes públicos o de pie en lugares de comida rápida, tapas o bocadillos.

O puede que tengamos la suerte de sentarnos, pero delante de la televisión, en medio de una acalorada reunión de negocios, en una discusión familiar o puede que continuemos trabajando en la oficina. ¿Cómo podremos absorber así la calidad máxima de lo que comemos? Sorprendidos, al cabo de unos minutos padecemos de indigestión, gases, inflamación o algún otro desarreglo digestivo.

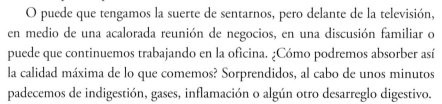

Es importante tener un cierto espacio y tiempo para relajarnos antes de comer. Comer con tranquilidad y armonía, ayudando a nuestro cuerpo a absorber y digerir, para que nos pueda ofrecer y generar la energía y vitalidad máxima.

De vuelta a la vida natural

Nuestro organismo ha sido diseñado para autorrenovarse, regularse y curarse de forma natural. Una forma de alimentación variada y equilibrada es esencial para obtener una vida saludable y armoniosa. Nuestro cuerpo necesita:

- ❖ **Carbohidratos.** Para obtener energía y vitalidad y nutrir el sistema nervioso. En forma de azúcares polisacáridos: los cereales integrales nos darán un constante suministro de energía y vida.
- ❖ **Proteínas.** Para construir y reparar el cuerpo. Especialmente proteínas de origen vegetal, como las leguminosas, el seitán, el tofu y el tempeh.
- ❖ **Minerales.** Regulan el pH de la sangre, refuerzan el sistema nervioso, los músculos, los huesos, los dientes. Tales como la sal marina, verduras del mar (algas) y verduras de tierra biológicas.
- ❖ **Vitaminas, enzimas y fibra.** Imprescindibles para todos los procesos metabólicos. Se obtienen con las verduras de tierra (raíces, redondas y de hoja verde), germinados de verduras y semillas y frutas.
- ❖ **Aceite y grasas.** Para un óptimo funcionamiento del cuerpo. Regulan la temperatura corporal. Aceites prensados en frío sin refinar, semillas y frutos secos.
- ❖ **Fermentados.** Regeneran la flora intestinal y nos ayudan en la absorción de nutrientes. Verduras fermentadas naturales caseras, miso, salsa de soja… (*véase* capítulo 2, «Los beneficios de los alimentos fermentados»).

La estructura de nuestro cuerpo

Si hacemos un viaje, una aventura a través de nuestro sistema digestivo, el cual es el encargado de procesar los alimentos y transformarlos en energía y vitalidad, veremos su estructura y sus necesidades.

Existen en la actualidad tantos libros, información de dietas mágicas y teorías que nos sentimos confusos, sin saber qué hacer o a quién escuchar. La respuesta es muy fácil, tan sólo tenemos que observar nuestro cuerpo, es el libro más fiable que podemos tener. Observar su estructura, cómo funciona, escuchar sus susurros, y poco a poco descubriremos que es nuestro mejor amigo, un amigo que nos acompañará incansable en todas las aventuras que deseemos emprender en este viaje por el camino de la vida. ¡Vale la pena escucharlo y cuidarlo!

Empezaremos por la boca y los dientes: los encargados en comenzar la tarea.

La estructura de la boca de cada ser vivo indica la clase de alimentos que necesita para su supervivencia. Los animales carnívoros están provistos de dientes puntiagudos, caninos para atrapar, rasgar y comer a sus presas.

Los dientes humanos se dividen en molares y premolares, para moler y masticar, y en incisivos para cortar. Los alimentos que necesitan esta clase de acciones son principalmente los de origen vegetal: cereales, legumbres, semillas, frutos secos, verduras y frutas.

Tan sólo poseemos 4 caninos, de un total de 32 piezas. Esto nos demuestra la proporción de alimentos de origen animal y vegetal que debemos tomar en nuestra alimentación diaria: 7 partes de alimentos vegetales y 1 parte de alimentos animales.

Existen muchas tendencias, algunas personas que deciden alimentarse totalmente de productos animales, otros individuos, puede que con ideas más alternativas, que deciden no tomar ningún producto animal, otras comen de todo, etc.

Podemos escoger, tan sólo nosotros podemos decidir cómo alimentarnos. ¿Puede que una línea media o una proporción como la que indican nuestros dientes fuera una forma moderada y estable a seguir?

Continuamos nuestro viaje por el sistema digestivo, y podemos ver que el ser humano posee tan sólo un estómago para procesar los alimentos. Si decidimos seguir una línea totalmente crudívora, nuestro único estomago tendrá que trabajar desmesuradamente, una mezcla entre un poco de crudo y alimentos cocinados (ablandados por el fuego) sería la fórmula ideal. También tenemos que tener en cuenta el efecto de los alimentos, toda verdura y fruta cruda nos enfriará más que si está cocinada. Todo el mundo puede intuir y sentir esta dinámica energética. ¿No es en pleno verano cuando deseamos más fruta y ensaladas y en pleno invierno cuando nos apetece más un estofado caliente?

El sistema digestivo de los animales carnívoros está diseñado para poder digerir la carne, con intestinos muy cortos para poder expeler rápidamente las sustancias toxicas. Por el contrario, los animales herbívoros están provistos de intestinos largos para una absorción y asimilación lenta y de bajo nivel de sustancias tóxicas.

Una dieta rica en alimentos vegetales y escasa en proteínas animales favorece el equilibrio entre los diferentes microorganismos que pueblan nuestros intestinos (tan esenciales para una buena absorción de los alimentos).

Los beneficios de los alimentos fermentados

Los alimentos fermentados forman parte de la alimentación normal de pueblos muy distantes geográfica y culturalmente. Esto quizá pueda sugerirnos por qué siguen siendo tan aceptados hoy en día.

Ciertamente, entre el uso de la col fermentada en países centroeuropeos, aceitunas en todos los países mediterráneos o las múltiples especialidades en los países de Oriente (miso, salsa de soja, umeboshi, tempeh…) existen muchas diferencias culturales y alimentarias, pero todas estas prácticas tienen un denominador común: el empleo de ciertos fermentos que potencian el valor nutritivo de los alimentos.

Uno de los grandes beneficios que se atribuye a los alimentos fermentados es reestablecer el equilibrio entre los distintos microorganismos que pueblan nuestro intestino. Entre todos estos microorganismos se destacan los del genero *Lactobacillus acidophilus, L. bifidus, L. plantarum, L. leichmanii, L. fermentum.*

Tras ser ingeridos, la mayoría de estos lactobacilos al llegar al estómago, que es un medio muy ácido, no sobreviven, pero algunos, sin embargo, resisten y pasan a repoblar nuestro intestino.

Además, una dieta rica en carbohidratos y escasa en proteínas animales también favorece a los lactobacilos. Cuando un cereal o vegetal se corrompe, se produce una fermentación. Mientras que cuando los productos animales cárnicos se corrompen, se produce una putrefacción.

Vegetales fermentados caseros *(pickles)*

De fácil confección casera. Se puede usar cualquier variedad de verduras, y contrariamente a los encurtidos comerciales (preservados con azúcar y vinagre, que destruyen la flora intestinal), estos fermentan con sal marina de buena calidad.

- ❖ **Miso:** Es una pasta de color marrón y sabor salado, producto de la fermentación de la soja con determinados cereales y sal marina. El miso es ideal para enriquecer –tanto en sabor como en propiedades nutritivas– sopas, estofados, salsas, aliños, patés y para cualquier plato en general. Añadir siempre el miso casi al final, reducir el fuego al mínimo, activar el fermento durante una minuto o minuto y medio. Nunca hervir, ya que destruiríamos sus propiedades.

- ❖ **Salsa de soja o tamari:** Es un producto similar al miso, aunque su consistencia es líquida. Podemos usarlo de la misma forma que el miso. La salsa de soja proviene de la fermentación de la soja, con trigo y sal, por lo que si hay intolerancia al gluten, mejor utilizar tamari, fermentación solamente de la soja y sal durante 3 años. Es más espeso y concentrado, por lo que recomiendo utilizar en menos cantidad.

- ❖ **Umeboshi:** Ciruela fermentada con sal marina durante casi 3 años. Sus propiedades medicinales son indudables (alcaliniza la sangre, tiene efectos antibióticos y antisépticos, detoxificante, ayuda a la prevención de fatiga y envejecimiento).

  El vinagre de umeboshi es ideal para aliños, salsas y aderezos entre otros, y contrariamente a los vinagres convencionales, no descalcifica ni desmineraliza.

❖ **Tempeh:** Proteína fermentada de la soja amarilla. Originaria de Indonesia, ha ido ganando popularidad debido a su gran valor nutritivo y de fermentación. Es una alternativa ideal a productos animales. Se encuentra en el mercado en diversas formas. No necesariamente necesitamos utilizar el tempeh hecho con soja amarilla, sino que también se pueden fermentar toda clase de legumbres. En España podemos degustar el tempeh de garbanzos, una legumbre más local.

Capítulo 3

Los efectos
de las proteínas animales

A nivel físico

Es cierto que las proteínas son imprescindibles para el desarrollo y el mantenimiento celular, pero no sólo existen las de origen animal. Hay una gran cantidad de alimentos de origen vegetal con una elevada proporción de proteínas que el organismo humano asimila mucho mejor que las de origen animal.

Al mismo tiempo, existe una concepción errónea sobre la cantidad de proteínas que necesitamos para vivir. Un individuo con una gran actividad física necesitará un mayor porcentaje, así como los niños, los adolescentes, las embarazadas y los lactantes.

Aquellas personas que llevan una vida sedentaria necesitan una menor cantidad, ya que no desgastan tanto.

Según algunos autores, aquellas sociedades y grupos de individuos que se han alimentado con proteínas animales tienden a desarrollar una forma más agresiva de vivir. Por el contrario, otras culturas cuyas fuentes alimentarias principales han sido cereales y proteínas de origen vegetal han tenido un desarrollo más pacífico.

A través de la historia, grandes maestros y hombres ilustres adoptaron un régimen de vida natural y más vegetariano: Pitágoras, Sócrates, Platón, Aristóteles, Leonardo Da Vinci, Isaac Newton, Séneca, Voltaire, Gandhi, Einstein, Tolstoi, Charles Darwin, Franz Kafka, Thomas Edison, Thoreau, Tagore y otros muchos, lo que favorece la búsqueda interior y aporta paz y serenidad al cuerpo, la mente, las emociones y el espíritu.

Efectos que produce el consumo de carnes

- ❖ Nuestro cuerpo gasta mucha energía y minerales para metabolizar la proteína animal. Si observamos el comportamiento de los animales carnívoros cuando matan a sus presas, comprobamos que no sólo devoran la carne (proteína), sino todas sus partes: el estómago (donde se almacenan vegetales –fibra–), la carne y los huesos (minerales).
- ❖ La proteína animal crea una condición muy ácida de la sangre, con efecto desmineralizante que a largo plazo lleva a la osteoporosis.
- ❖ La carne contiene grandes niveles de ácido úrico.
- ❖ A través de la digestión de la carne en los intestinos, se producen pérdidas importantes de flora intestinal (putrefacción), lo que causa un estado ligero de toxemia y produce estrés en los órganos dedicados a limpieza y eliminación.
- ❖ Casi todos los productos animales contienen grandes cantidades de grasas saturadas que se convierten en colesterol.

- El pescado es el alimento ideal para sustituir a las carnes, ya que sus grasas no son saturadas. Podemos empezar usando más pescado, reduciendo y evitando los productos cárnicos y descubriendo los beneficios nutritivos de las proteínas vegetales.

- Para poder preservar y manufacturar productos cárnicos es necesario añadir muchas sustancias químicas y preservantes. De esta manera, se evita la multiplicación de microorganismos tóxicos y, al mismo tiempo, se incrementa su mejor color, olor, textura y presencia. Por no mencionar la forma en que actualmente se alimentan las reses desde su nacimiento: con hormonas y productos de síntesis.

- Aunque pudiéramos consumir carne de la mejor calidad (orgánica, sin aditivos…), como la consumían nuestros antepasados, tendríamos que todavía plantearnos las siguientes cuestiones:
  · ¿Con qué frecuencia consumían la carne?
  · ¿Qué cantidad en relación a las cosechas del campo (cereales, legumbres, verduras, frutas, frutos secos…)?
  · Su actividad física con respecto a la actual.
  · ¿Vivimos de la misma forma?
  · ¿El diseño de nuestro cuerpo está preparado para digerirla?
  · ¿Es un alimento sostenible para que todas las personas del planeta la consuman?
  · ¿Podríamos alimentar a todos los habitantes del planeta?

Efectos que produce el consumo de lácteos

Existe una publicidad desmesurada con relación al tema de los lácteos, con la idea de que son el alimento ideal para el consumo humano. No obstante, ya en la medicina convencional han podido constatar sus desventajas y los problemas que produce su consumo.

También existe la idea general de que son esenciales para la vida del hombre, ¿es realmente así? ¿Se han consumido lácteos en todos los países y rincones de nuestro planeta?

La respuesta es que en ningún país de Oriente (China, Corea, Japón…) se han incluido nunca los lácteos en sus tradiciones alimentarias. Por supuesto, su estatura es más pequeña, no han crecido tanto, ¿o puede que no se hayan expandido, desarrollado con desmesura como nosotros los occidentales?

Hasta hace poco, veíamos la estatura oriental mucho más baja. Hoy en día, ya con la globalización, todos consumimos de todo, y vemos como también al introducir los lácteos en los países orientales, su estatura va aumentando.

Le leche es el alimento de los mamíferos durante su etapa de crecimiento. La leche de cada especie animal contiene el equilibrio de nutrientes específicos para su desarrollo correcto.

La leche de la vaca contiene muchas más hormonas de crecimiento que la leche humana, y esto es lógico, ya que el ternero pesa al nacer unos 40 kg, y al convertirse en adulto –a los dos años– puede llegar a pesar más de 400 kg. En comparación, un ser humano no alcanza su madurez física hasta los 21 años, con pesos que oscilan entre los 50 y 80 kilos.

Las diferencias entre la leche humana y la leche de la vaca hablan por sí solas, como vemos a continuación:

- La leche de vaca contiene tres veces más calcio y proteínas (para un crecimiento veloz).
- La leche de vaca contiene el triple de sodio, pero sólo la mitad de carbohidratos (necesarios para el desarrollo del sistema nervioso). También posee cinco veces más cantidad de fósforo, además de diferentes clases de azúcares.
- El equilibrio entre ácido y alcalino es bastante diferente con respecto a la leche humana.
- La leche de vaca produce un desarrollo veloz de huesos y músculos, mientras que la humana desarrolla paulatinamente el sistema nervioso.
- La proteína de la leche de la vaca (caseinógeno) es muy difícil de asimilar por el sistema digestivo del hombre. Con frecuencia, produce perturbaciones porque se digiere parcialmente, lo que sobrecarga el hígado y provoca irritación en los tejidos y en la piel, en un intento del organismo por eliminarla.
- La lactalbúmina, principal proteína de la leche humana, se digiere sin ningún tipo de dificultad.
- El organismo humano segrega una enzima capaz de asimilar la leche materna desde el nacimiento hasta los 2-3 años, y luego desaparece gradualmente.

Si los productos lácteos no son favorables para el desarrollo de un bebé, ¿cómo pueden serlo para los adultos? Además, también es importante tener en cuenta que ningún otro mamífero consume leche después del destete, ¡y menos de otro mamífero!

Hoy en día vemos gran cantidad de personas con intolerancias a la lactosa. No es intolerancia, sino un estado humano normal: el cuerpo del ser humano no puede digerir la lactosa de las leches de otros mamíferos.

Pero en lugar de entenderlo, empezamos a extraerla de todos los productos lácteos, creando alimentos sin lactosa, para continuar consumiendo unos productos que el ser humano no necesita.

Para mantener una óptima calidad de los huesos, lo fundamental no es la cantidad de calcio que consumimos, sino de qué forma perdemos el calcio que tenemos debido al alto consumo de alimentos que nos desmineralizan.

¿De qué forma nos desmineralizamos?

Consumiendo alimentos extremos. Por un lado tenemos las carnes, proteínas con grasas saturadas que producen al consumirlas acidez en la sangre y desmineralización.

Por otra parte, estimulantes, alcoholes, azúcares, chocolates, pastelería, bebidas gaseosas azucaradas y artificiales, zumos de cítricos y vinagres, que también producirán un pH en la sangre ácido. Nuestro cuerpo tendrá que compensarlo rápidamente con reservas de minerales si éstas son suficientes, o extrayéndolos de los huesos y los dientes. Todo esto afecta a nuestro sistema nervioso, al pH de la sangre y debilita en forma general nuestro sistema inmunitario.

Consumiendo exceso de crudos. Los crudos –sean frutas, verduras…– nos aportan muchas vitaminas y fibra, pero también su contenido en líquido es alto y diluye nuestros minerales si su consumo es excesivo.

Debilitando nuestros riñones. Los riñones juegan un papel primordial, ya que son los encargados de regular el delicado equilibrio entre sodio y potasio, la densidad y vitalidad de nuestros huesos activando la vitamina D y generando una hormona necesaria para la producción de glóbulos rojos. ¡Hay que cuidar nuestros riñones! Debilitamos nuestros riñones tomando alimentos y bebidas frías, alcohol, vinagres, estimulantes (café, té…), bebidas gaseosas azucaradas, azúcares rápidos y refinados, exceso de especias…

Vida moderna. Por supuesto, todo el mundo puede comprender fácilmente que el ritmo y la forma de nuestra vida, especialmente en ciudades, no nos ayuda a remineralizarnos:

- ❖ El aire que respiramos.
- ❖ La gran cantidad de aparatos eléctricos que utilizamos a diario, en nuestro trabajo y en casa.
- ❖ La falta de ejercicio, estrés a todos los niveles.
- ❖ En general, pérdida de contacto con la naturaleza.

Las algas contienen una gran abundancia de minerales, los cuales producen en la sangre un efecto alcalinizante y ayudan a depurar nuestro sistema de los efectos ácidos y debilitantes propios de la dieta y la vida moderna.

Necesitamos minerales no sólo para regular el pH de la sangre, sino también para el sistema nervioso, los músculos, los huesos, los dientes… Si sufrimos una carencia en general, nuestro sistema inmunitario también estará más débil y será susceptible a «invasiones exteriores».

Podemos aportar minerales y calcio a diario en nuestras comidas, en forma de:

- ❖ Algas, pequeñas cantidades serán suficientes, pero lo más importante es su consumo diario.
- ❖ Legumbres, que nos proporcionan buenos minerales.

- Pequeñas cantidades de semillas y frutos secos en todas las comidas.
- Sal marina al cocinar.
- Condimentos naturales salados en pequeñas cantidades, como salsa de soja, tamari, miso de buena calidad…
- Verduras biológicas, sin químicos ni fertilizantes artificiales. Especialmente las de hoja verde.
- También la forma de preparar los alimentos naturales tiene una gran importancia para poder crear efectos de remineralización y darles más energía vital.

La leche de soja y otras leches vegetales

Mucha gente mal informada considera la leche de soja un buen sustituto de la leche de vaca, creyendo que nos aporta la misma nutrición y alimento. Incluso se aconseja para personas con alergias a los lácteos como un buen sustituto, sin conocer realmente los efectos energéticos que creará (*véase* capítulo 5, «Combinaciones y asimilaciones de proteínas»).

Pero si nuestra alimentación es más bien de origen vegetal, es muchísimo más recomendable utilizar otras leches que ahora existen en el mercado, como leche de arroz, de avena, de almendras, de avellanas o incluso hacer nuestras propias leches caseras. Aunque, ¿realmente necesitamos tomar leche aunque sea vegetal? ¿Para qué cuerpo la necesitamos? ¿Puede que más para el emocional que para el físico?

A nivel emocional y mental

Si observamos la forma en que se mata a los animales, podremos intuir que, en su carne, todavía existe la tensión y el terror de los últimos momentos. Estas emociones también nos afectarán al ingerir su carne y a otros niveles un tanto más sutiles de nuestra persona.

Todos sabemos muy bien la relación tan íntima que existe entre comida y emociones, pero no muchos conocen su dinámica energética, por qué deseamos chocolate después de habernos peleado con el jefe, o dulces días antes de la menstruación, o galletas a cierta hora de la tarde, o una cerveza al llegar a casa después de un día de tensión en el trabajo…

Si supiéramos la clase de energía y efectos que en este momento específico necesitamos (energía de relajación, o activación, o reforzarnos, o protegernos, o abrirnos para comunicar nuestra verdad…), puede que pudiéramos traducir nuestras carencias de otras formas que no fueran comida.

Conocemos y valoramos el poder de las plantas denominándolas «plantas medicinales»; si deseamos relajarnos, nos tomaremos una tila, o si nos duele el estómago, puede que una infusión digestiva. Cada planta tiene un valor medicinal, o mejor dicho, un efecto energético particular y único, ¡un regalo de la naturaleza! Así, cada alimento también tiene sus efectos energéticos únicos, y dependiendo de cómo nos sintamos, estaremos más atraídos a una cierta energía y efecto que a otra.

¿Por qué cuando se va de fiesta, o para fin de año o en alguna celebración especial, no se brinda con agua o con un zumo de fruta?

¿Por qué cuando se quiere hacer un trabajo mental continuado, muchos escogen tomar un café?

¿Por qué cuando se toman muchas especias, uno se siente después más confuso y más relajado?

Porque ya a nivel inconsciente estamos buscando los efectos de ciertas sustancias que nos darán una reacción energética a todos los niveles de nuestro ser.

¡Si este conocimiento natural de nosotros y de lo que nos rodea lo hubiéramos aprendido desde nuestra infancia, cuántos conflictos nos ahorraríamos a todos los niveles!

Ya muchos de los maestros en antiguas civilizaciones y culturas nos lo enseñaron, pero estos conocimientos parecen caer en sacos rotos para muchos. Hipócrates nos lo comunicó durante toda su vida infatigable de estudios y enseñanzas: «Que el alimento sea tu medicina y la medicina tu alimento» (Hipócrates 460-377 a. C.).

¿Puede que si escuchamos o adoptamos esta forma de vivir tengamos que ser más responsables de nuestras vidas? ¿Desarrollar habilidad para responder, escoger a cada momento lo que necesitamos, escuchar los cambios que nuestro cuerpo físico, emociones y mente efectúan a cada momento, adaptándonos a ellos, con flexibilidad, apertura y madurez?

Por esta razón no podemos pretender que el pastel de chocolate vaya a solucionar el problema con el jefe, o que esta comida o aquello nos devuelva al novio, o que el director del banco nos dé el préstamo que deseamos. Si hay un problema emocional, lo tenemos que resolver a nivel emocional; si existe un conflicto mental o de ideas, lo tenemos que solucionar reflexionando, comunicándonos con quien sea o haciendo un trabajo interior; si nos sentimos sin confianza o dirección en la vida, hay que buscar el coraje y el propósito en nuestro corazón, en lugar de saturar a nuestro sistema digestivo con lo que no necesita.

Cómo sustituir el consumo de lácteos a nivel emocional

Ya hemos visto y experimentado en nosotros la carga emocional que los lácteos poseen, lo atados que nos sentimos a ellos, lo que nos gustan y cuántas excusas podemos encontrar para convencernos de que los necesitamos. Si decidimos de experimentar y ver si realmente nuestro cuerpo los necesita o no, podemos seguir las siguientes sugerencias:

- ❖ Reducir los quesos salados y secos.
- ❖ Utilizar más los quesos blandos y yogures.
- ❖ Incluir o incrementar en cada comida las semillas.
- ❖ Incrementar el consumo de frutos secos (especialmente las nueces).
- ❖ Incluir cada día cremas dulces de verduras.
- ❖ Incrementar la proteína vegetal.
- ❖ Utilizar estilos de cocción que generen dulzor, cremosidad, calor interior y riqueza y cocinados con un aceite de oliva de buena calidad.
- ❖ Sustituir los lácteos por tofu en las formas en que los utilizábamos anteriormente.
- ❖ Utilizar leches de cereales o de almendras en lugar de leche de vaca.
- ❖ Utilizar más verduras blancas (coliflor, nabo, cebollas…).
- ❖ Utilizar algas para el aporte de minerales, a diario.
- ❖ Utilizar verduras de hoja verde para un aporte de calcio en cada comida.
- ❖ Reducir los lácteos al mínimo, quedándonos como último paso con yogures naturales de buena calidad.
- ❖ Utilizar mantequillas de sésamo, cacahuete, almendra… diluidas con agua caliente para confeccionar aliños y salsas.

Tanto los lácteos como el azúcar poseen una carga emocional muy elevada, por lo que tenemos que ser amables con nosotros mismos, tener una meta a largo plazo (evitarlos), pero con amor hacia nosotros y gentileza (a corto plazo).

Si al principio deseamos tomarlos, consumir una pequeña cantidad, deleitarnos de la experiencia y ¡seguir adelante! El reprimirnos o sentirnos culpables no conducirá a una salud integral de cuerpo, mente y emociones ni generará la paz interior que todos buscamos.

Cómo poder sustituir el consumo de carnes a nivel emocional

Véase capítulo 5, «De proteínas animales a vegetales».

A nivel energético

Todo es energía, nosotros somos energía. Todo vibra, fluye, puede que el ritmo de vibración sea diferente de unas personas a otras, de unos objetos a otros, de unos alimentos a otros. Puede que una vibración sea más rápida que otra, puede que incluso no la percibamos con nuestros ojos físicos, pero existe, la intuimos con otros sentidos más sutiles. Puede que otra sea densa, pesada y la podamos incluso tocar con nuestras manos.

Todo en el universo vibra con dos energías opuestas y complementarias:

❖ La energía de expansión, apertura, vibración rápida (su efecto se percibe inmediatamente).

❖ La energía de contracción, estática, sin dinamismo ni chispa, cierra, condensa, produce tensión, rigidez y acumulación, de vibración lenta (su efecto no se percibe, se acumula en nosotros muy interiormente).

Si podemos reconocer estas dos energías sea donde sea –en nosotros, en una planta, en una verdura, en el tiempo, en nuestras emociones, pensamientos–, podremos con observación, reflexión y autoconciencia equilibrarnos a cada momento en este baile interminable de movimiento y de pasividad.

El consumo de proteínas animales y de grasas saturadas (carnes, embutidos, huevos, lácteos secos y salados) nos producirá un efecto estático (se acumulan en nuestro organismo), crean tensión, rigidez, falta de fluidez y flexibilidad, sin dinamismo ni chispa, sin vida (alimento muerto), con apego emocional y al pasado.

¿Puede que los deseemos para autoprotegernos, formar una barrera entre nosotros y lo que nos rodea, para evitar sentir y sufrir?

Si observamos la forma de complementar energías a nivel popular, veremos que si la persona está comiendo un bistec, normalmente también en la mesa habrá una bebida alcohólica, o al final de la comida un postre con azúcar, cafés o más alcohol. O puede que a media tarde, cuando la energía empieza a decaer, necesite más azúcar y estimulantes.

El consumo de azúcar, pastelería, chocolate, estimulantes, alcohol, bebidas gaseosas azucaradas, helados, lácteos blandos (leche, yogures…) nos producirán un efecto contrario de vibración rápida (su efecto se percibe al momento), euforia extrema, dispersión, evasión, falta de concentración y dirección en nuestra vida. Más apegados emocionalmente al futuro, soñando y viviendo en el futuro.

¿Por esto se toman en los momentos en los que deseamos olvidarnos y evadirnos de nuestra realidad?

Es la balanza energética universal, ¡no se puede cambiar! Aunque sí podemos escoger nutrirnos de energías más estables, sin tantos altibajos constantes, que nos darán una paz y armonía interior más estable y duradera. Elegir alimentos que también producirán efectos energéticos en nosotros, pero al ser más estables y moderados, sus efectos también serán más asimilables. Alimentos naturales como: cereales integrales, proteínas vegetales, verduras, algas, frutas, semillas y frutos secos, aderezos naturales.

En resumen, el mensaje más importante es que adquiriendo un conocimiento energético, podremos entender, comprender y aceptar con más claridad lo que nuestros cuerpos (físico, emocional, mental) desean comunicarnos. Hay que observarnos con objetividad y sin juicios, y poco a poco podremos diferenciar nuestras necesidades y nuestros deseos.

Impacto del consumo de carne a nivel medioambiental y de sostenibilidad

El consumo de carne animal agrava la mayoría de los problemas ambientales, como la deforestación, la erosión, la escasez de agua potable, la contaminación atmosférica y la extensión de las enfermedades.

- Más del 50 % de la población mundial de los países desarrollados sufre sobrepeso, mientras 870 millones de personas sufren hambre.
- El 20 % de la población mundial consume y gasta el 80 % de los recursos del planeta.
- 1 de cada 8 personas en el mundo se irá a dormir con hambre.
- 1 de cada 4 niños en el mundo sufre desnutrición, y alrededor de 3 millones mueren por desnutrición antes de cumplir 5 años.
- El hambre es la primera causa de muerte en el mundo, por delante del sida, la tuberculosis y la malaria juntos.
- El 80 % del terreno cultivable de la tierra está en manos de la ganadería.
- Esta ganadería consume la mitad de la cosecha mundial de cereales y el 90 % de la cosecha de soja anual.
- Para producir un kilo de carne, se necesitan entre 7 y 16 kg de cereales o soja y 15.000 litros de agua.
- El incremento del uso de pesticidas aumenta la contaminación química y crea resistencias. Su presencia en el suelo, en las aguas y en los alimentos es cada vez mayor.
- Las mismas empresas que venden semillas contaminadas y genéticamente modificadas son las que venden estos pesticidas y luego las que venden los fármacos para los humanos contra las patologías que producen.

❖ La utilización de transgénicos en la agricultura no hace más que exacerbar los efectos perniciosos de una producción industrializada e insostenible, que no favorece a los pequeños agricultores ni reparte equitativamente las riquezas. Tiene los siguientes efectos en la salud:
· Aparición de nuevas alergias.
· Aparición de resistencias a antibióticos en bacterias patógenas para el hombre.
· Aparición de nuevos tóxicos en los alimentos.
· Disminución de la capacidad de fertilidad.
· Y otras muchas enfermedades que aparecen y no se vinculan con la calidad de los alimentos que ingerimos.

El efecto invernadero

La producción de carne genera dióxido de carbono y otros gases contaminantes. Por cada grado que elevamos la temperatura global, disminuye en un 10 % la producción del planeta. Entre otros, el efecto invernadero está producido por:

❖ Quemas forestales (para poder plantar más soja transgénica para alimentar al ganado). Acelera la destrucción de las selvas tropicales.
❖ Heces. Compuestos orgánicos de los animales que emiten importantes cantidades de metano, un potente gas invernadero (este gas ha aumentado un 150 % respecto a hace 250 años).
❖ Los residuos de los establos superan la capacidad de absorción del planeta.

Consumo energético

❖ Se requieren 8,3 litros de petróleo para producir 1 kg de carne.
❖ El consumo medio anual de carne de una familia de 4 miembros supone casi 1000 litros de petróleo por año.
❖ Para producir un kilo de carne, se necesitan entre 7 y 16 kg de cereales o de soja y 15.000 litros de agua.

Existe infinidad de documentación sobre el tema. Aquí tan sólo deseamos informar, dar a conocer «el otro lado de la moneda» para que cada persona evalúe de forma consciente, adulta y con conocimiento de causa su forma de alimentación.

Por último, quiero comentar brevemente el impactante estudio que se ha hecho en 65 regiones de China durante 20 años, *El estudio de China* (Editorial Sirio, Málaga, 2012), libro escrito por los doctores T. Colin Campbell y Thomas M. Campbell.

Empezó en 1983, y participaron universidades chinas, inglesas y americanas. Es un revelador documento en el que el científico nutricionista Colin Campbell expone las conclusiones de más de dos décadas de estudio sobre los efectos que la alimentación, en especial el consumo de proteínas animales, tiene sobre la salud. Más concretamente, sobre enfermedades típicamente occidentales como la diabetes, los problemas cardiovasculares y determinados cánceres.

Sus resultados son claros, evidentes y concretos: las personas que basan su alimentación en proteína animal son las que padecen más enfermedades crónicas, como obesidad, diabetes, cáncer, problemas de corazón, hígado…, mientras que una alimentación centrada en alimentos vegetales no produce estas enfermedades. Concluye diciendo que cuanto menos porcentaje de productos animales se consuma, mayores serán los beneficios en nuestra salud y calidad de vida.

Si la humanidad solamente consumiera proteína vegetal, no habría una sola persona sobre la tierra que tuviera que sufrir a causa del hambre.

Impacto en nuestra calidad vibracional y desarrollo interior

Hemos visto el efecto y la repercusión global que produce el consumo de proteínas animales, a nivel físico, mental, emocional, medioambiental y de sostenibilidad.

¿Hemos pensado si su consumo nos ayuda a poder crear paz, armonía y amor hacia nosotros y nuestro entorno?

Todo es energía y vibración. Nosotros y todo lo que nos rodea. Todo tiene una frecuencia vibracional, tanto lo que comemos como lo que sentimos, lo que pensamos.

Cada alimento tiene un efecto y una reacción. Un vaso de agua tiene una vibración muy diferente a un vaso de whisky, vibraremos de un modo muy diferente según tomemos uno u otro líquido.

Una infusión de tila tiene una vibración y efecto muy diferente a un doble expreso de café. Todos podemos aceptar esta realidad.

Entonces, por qué no empezamos a aceptar que según lo que ingiramos a diario, tanto bebida como alimento, crearemos nuestra propia vibración, puede que de caos, dispersión, ira, agresividad y nerviosismo o de paz, armonía, serenidad, claridad y dirección en la vida.

Somos lo que absorbemos a muchos niveles: lo que comemos, bebemos, sentimos, pensamos… Todo produce una reacción y un efecto en nosotros.

Si preguntamos a varias personas realmente qué es lo que desean en sus vidas, todas tendrán diferentes opiniones, palabras, frases, propósitos…, pero si resumimos sus palabras, veremos que todos desean lo mismo: llegar a un estado de felicidad, paz, armonía interior, serenidad…

¿El consumo de proteína animal nos ofrecerá esta vibración de paz interna?

¿Nos llevará a un estado de consciencia serena?

¿O desearemos equilibrarla con otros alimentos y bebidas con alcohol, azúcar, pastelería, chocolate, estimulantes, etc., creando una balanza de efectos extremos y caóticos?

¿Por qué muchos grandes maestros espirituales son vegetarianos?

Estas preguntas tan sólo se pueden responder «viviéndolas», desde la experiencia real, no con la mente ni con debates.

Para poder opinar de cualquier tema, hay que vivirlo. No podemos opinar de cierto libro o película si no lo he leído o la he ido a ver.

Os invito a «vivir la experiencia», a dejar el consumo de la proteína animal y vivir de una forma simple, humilde, sencilla con los alimentos naturales que nuestra Madre Tierra nos ofrece con todo su esplendor y riqueza.

Podemos vivir perfectamente con los alimentos de origen vegetal, especialmente las proteínas vegetales, cocinadas con energía, vitalidad, entendiendo la energía de los alimentos, sus condimentos, cómo cocinarlas y combinarlas.

Aplicando alquimia en nuestra cocina, podremos obtener la energía que deseamos, con alimentos de nuestro entorno, de nuestro clima y país, para que así podamos crear paz y armonía en nuestro entorno y en nosotros mismos. «Ser el cambio que deseamos ver en el mundo».

Somos seres vibracionales, seres de luz. Si deseamos elevar nuestra consciencia y nuestra vibración, tenemos que empezar por el primer pequeño paso, que es alimentarnos de alimentos vivos con energía y llenos de energía solar.

Este gran cambio nos ayudará a depurar nuestro cuerpo físico, a relajar nuestros órganos internos, reforzar nuestro sistema inmunitario, crear buena calidad de sangre, armonizar y observar nuestras emociones, acallar nuestra mente, vivir más en el presente, el cual es el único momento real y de conciencia que existe.

Nos generará más silencio y calma, para poder empezar a descubrir nuestro mundo interno, para entender el verdadero propósito de nuestra vida, aceptar nuestras experiencias y lecciones en la escuela de la vida, con más sosiego y presencia.

Conectaremos con quienes verdaderamente somos: seres energéticos con un cuerpo físico.

Capítulo 4

La rueda de la vida
y sus necesidades proteicas

Todo es energía, nosotros somos energía. Todo vibra, fluye, puede que el ritmo de vibración sea diferente de unas personas a otras, de unos objetos a otros, de unos alimentos a otros. Puede que una vibración sea más rápida que otra, puede que incluso no la percibamos con nuestros ojos físicos, pero existe, la intuimos con otros sentidos más sutiles. Puede que otra sea densa, pesada y que la podamos incluso tocar con nuestras manos.

Así, nosotros, los seres humanos, pasamos por muy diferentes etapas energéticas a través de nuestra vida. Es importante reconocerlas, honrarlas y darles la importancia que se merecen.

Siempre veremos que nuestro propósito es tratar de complementarnos a todos los niveles. De buscar lo que nos falta e integrarlo en nuestras vidas para sentirnos más enteros, holísticos, llenos y equilibrados.

Cuando hace frío, intentamos abrigarnos, comer alimentos más calientes y con más proteína. Cuando hace calor, vestimos ligeramente y comemos alimentos que nos refresquen, más ligeros, más ensaladas y frutas. Si estamos cansados, intentamos dormir más, si nos sentimos con exceso de energía, queremos movernos, bailar, andar, correr…

Siempre buscamos el complemento, para sentirnos en armonía.

Pero primeramente, para poder encontrar la parte que necesitamos, deberemos saber cómo estamos. Observarnos sin juicios ni ataduras, tanto mentales como emocionales.

Los alimentos que aconsejamos en forma general para todas las etapas, como forma de vida, son los de origen vegetal: cereales integrales, legumbres y proteínas vegetales naturales (tofu, tempeh, seitán), variedad de verduras y frutas, semillas y frutos secos, algas (verduras del mar), endulzantes naturales, condimentos, sal marina, hierbas aromáticas, verduras y condimentos fermentados naturales (salsa de soja, tamari y miso), así como una pequeña proporción de pescado quien lo desee.

Vamos a hacer, pues, un viaje energético a través de todas las etapas de la vida. Desde el nacimiento hasta la vejez, intentando dar una dirección a grandes rasgos del consumo de proteína con referencia a la etapa en la que nos encontremos.

Recién nacido/bebé (0-12 meses)

El bebé es pequeño, compacto, flexible. Su alimento debe tener energía de relajación, expansión y muy dulce. ¡Qué mejor alimento que la leche de su madre!

Poco a poco, el bebé va creciendo, y sus dientes van apareciendo. Es un signo natural para empezar a darle alimentos sólidos pero cocinados de forma muy cremosa, líquida y dulce. La mejor forma de empezar a alimentar al bebé es con alimentos del reino vegetal: verduras, cereales integrales, proteínas vegetales, semillas, frutos secos, algas, frutas locales, endulzantes naturales; todo ello preparado cuidadosamente en forma de leches, papillas, cremas y purés.

Las primeras proteínas de origen vegetal pueden ser unos cuantos garbanzos cocidos con los cereales, o un pequeño trozo de tofu cocido con las verduras, o almendras cocidas con el cereal… Todo el proceso del destete está cuidadosamente explicado en mi libro *La alimentación de nuestros hijos* (Editorial Océano Ámbar, Barcelona, 2015).

Podemos incluirle también en cada biberón (de cereales, proteína vegetal y verduras) una cucharada de postre de polvo de semillas (sésamo, calabaza o girasol) para darle un aporte más completo de proteínas y grasas.

Y poco a poco podemos incrementar el volumen de la proteína vegetal e incluirle más variedad de legumbres, frutos secos, tempeh y seitán.

Existe la idea de que las legumbres son difíciles de digerir para un bebé, ¿pero un trozo de ternera será lo ideal? Si las legumbres están bien cocinadas, durante varias horas, junto con los cereales y pasadas por el pasapurés para obtener su riqueza y cremosidad, no hay ninguna duda de su digestibilidad y buena absorción.

Niño/niña (1-12 años)

Su tamaño todavía es compacto, pequeño. Pero a medida que pasa el tiempo, al crecer, se va expandiendo. Todavía su alimento será dulce, cremoso, y poco a poco su consistencia cambiará a más sólida y densa (no tan líquida). Con más variedad de colores, sabores y texturas.

También a partir del año, el bebé debería consumir toda clase de proteínas vegetales preparadas de diferentes formas, aunque con menos sal que la comida de niños más mayores.

Las proteínas son los tabiques de la casa, los niños necesitan muchos tabiques para construir su «templo», su vehículo terrenal, hay que proveerles de ellos. También su actividad física es extrema, sus movimientos, juegos… Una buena cantidad y calidad de proteína es una parte fundamental en la alimentación a estas edades. Y no tan sólo 3 veces al día, sino en todas las comidas que hagan, incluyéndoles semillas y frutos secos.

Incluiremos pescado fresco variado varias veces a la semana y puede que complementado por un huevo a la semana, dependiendo de las necesidades personales del niño o niña en cuestión.

Aquí en esta etapa, veo muchos errores, ¡que por desgracia a veces van a repercutir en la salud de los niños a largo plazo!

Muchos padres, queriendo dar a sus hijos una alimentación «supernatural y pura», pecan de falta de información y de vivencia personal. Puede que ellos todavía estén comiendo o hayan comido durante muchísimos años proteínas animales, y queriendo seguir una pauta más alternativa, pero desconocida para ellos, decidan dar a sus hijos una línea más vegetariana. Estos niños empiezan a alimentarse tan sólo de verduras, cereales y un poco de proteína vegetal. Y poco a poco vemos la viveza, energía vital de estos niños, desaparecer delante de nuestros ojos.

Podemos, por supuesto, alimentar a nuestros hijos con proteína vegetal, pero con más cantidad y complementarla con un poco de pescado y algún huevo. Y lo más importante, aprender a crear riqueza, nutrición, energía, vitalidad en nuestros platos, sean de proteínas, verduras, cereales o pasta.

La parte de generar alquimia en la cocina, crear la energía que deseamos con alimentos naturales, es lo más importante que tenemos que aprender si deseamos seguir una línea más vegetariana y natural para generar salud para toda nuestra familia.

Adolescente (12-21 años)

El adolescente está llegando al estado de expansión máximo. El cuerpo físico crece sin cesar. Es un momento de mucha actividad, desarrollo sexual, actividades deportivas, estudios, amistades, etc.

A todos los niveles hay que hacer un trabajo intenso:

- ❖ El cuerpo físico debe desarrollarse.
- ❖ El cuerpo mental necesita concentración y claridad.
- ❖ El cuerpo emocional empieza a despertarse en profundidad. El adolescente empieza a preguntarse «quién soy yo».

Hay rechazo de lo convencional y clásico enseñado por los padres, especialmente si ha sido adoctrinado de forma autoritaria y sin libertad.

A nivel de alimentación hay que hablar el lenguaje del adolescente, bombardeado por la publicidad, la televisión y la sociedad de consumo. Hablar del lenguaje de color, sabor, texturas, formas parecidas a lo que se les intenta vender sin escrúpulos, pero con ingredientes de buena calidad en una cocina sensorial, atractiva, sana y natural.

Es importante nutrir y reforzar al adolescente.

- ❖ Incrementar la cantidad de proteína: vegetal, pescado, huevos y aceite, no sólo en las dos comidas principales del día, sino en forma de bocadillos a media mañana, merienda a media tarde con frutos secos, etc.

- ❖ Minerales (en forma de algas, semillas, frutos secos y condimentos salados) para que su cuerpo (músculos, huesos…) se desarrollen y crezcan con normalidad.
- ❖ Cuidar la calidad de los carbohidratos (en forma de cereales integrales de grano entero, semillas de vida) para reforzar el sistema nervioso y poder obtener la calidad de glucosa que el cuerpo necesita en estas edades, generando energía estable durante todo el día.

Si el adolescente no obtiene buena calidad de glucosa (carbohidratos), y de proteína, empezará a desear azúcares refinados, estimulantes, alcohol, etc., así como tentempiés con sal cruda (patatas fritas, etc.) y lo llevará a extremos energéticos difíciles de controlar.

Otra forma de obtener esta calidad energética dulce es el consumo de verduras dulces de raíz y redondas, que nos aportarán tanto al cuerpo emocional como al físico la calidad dulce que necesitan. Pero para ello hay que empezar a educarlos desde la infancia hacia una forma de vida más natural, con cocina casera a diario y con el ejemplo de toda la familia.

Hombre

El hombre ya ha alcanzado su estado de crecimiento máximo. Hay que nutrir, reforzar y revitalizar la energía masculina: con más cantidad de cereales, de proteínas (con frecuencia pescado), de algas y condimentos salados. Más cantidad de aceite y sal. Cocciones más largas, más elaboradas, suculentas y ricas.

La cocina que el hombre necesita para mantener su vitalidad está muy bien expresada en la cocina que nuestros antecesores hacían (incluso nuestras madres y abuelas). Cocina con detalle, con rehogados, estofados, salsas, aderezos, sofritos, picadas de frutos secos, etc., y con el factor tiempo: cocina de la abuela.

Hoy en día, con los congelados, la comida prefabricada y los hornos microondas, vemos a las personas debilitarse más y más, ¡faltos de una cocina que alimente y refuerce en profundidad! No es necesario utilizar carne ni grasa animal, podemos muy bien con la ayuda del entendimiento energético, creando alquimia en nuestra cocina, producir el efecto deseado con proteínas vegetales.

Mujer

La mujer ya ha alcanzado su estado de crecimiento máximo. Hay que generar y equilibrar la energía femenina. Una energía con efectos de ligereza, dulce, relajada y nutritiva, para ello utilizaremos:

❖ Menos cantidad de cereales y más proteínas del reino vegetal, más verduras con mucha variedad en sus cocciones, cocciones largas y dulces para relajar, también ensaladas y frutas. Una cocina con simplicidad y claridad. Cocciones ligeras pero con energía y vitalidad.

❖ Un exceso de proteínas animales, horneados, exceso de sal…, producirá un estado energético de la mujer de tensión, rigidez, agresividad, estrés, contracción y con ello todos los problemas de hoy en día: síndrome premenstrual, menstruaciones abundantes, obesidad, retención de líquidos, problemas en la menopausia, osteoporosis, etc.

Embarazo y lactancia

Etapas superimportantes en la vida de la mujer en las cuales hay desconocimiento en el plano de la alimentación.

❖ En el embarazo estamos fabricando otro cuerpo, otro templo, ¡hay que consumir más proteína! Cocina más nutritiva, que refuerce, nutra, remineralice y también relaje.

❖ En la lactancia tenemos que producir leche de calidad, y un factor muy importante es la calidad de la proteína y grasa que consumimos.

Tanto en el embarazo como en la lactancia, se debería de tomar más cantidad de proteína. Proteína en primer lugar de origen vegetal, pero complementada con pescado y gran cantidad de semillas, frutos secos y leches vegetales (almendras, avellanas, arroz, avena, etc.).

Tercera edad

Poco a poco, nuestra estructura física disminuye, estamos más secos, deshidratados, quebradizos, nuestra estructura se reduce… Volvemos a la edad infantil a muchos niveles.

Hay que volver, pues, a utilizar más cremas, purés, más alimentos del reino vegetal, más verduras, proteínas vegetales, algas para reforzar los huesos y, por descontado, cereales integrales para crear energía estable, pero preparados de forma más jugosa y adecuada para la tercera edad.

Si miramos con esta idea energética el proceso de la vida, podremos comprender con más humildad las reacciones y deseos alimentarios de las personas. Es fascinante, ¡os lo recomiendo!

Las proteínas y el peso natural

Existen muchísimas causas por las una persona gana o pierde peso, y no tan sólo a nivel físico. Tenemos que explorar profundamente a qué nivel o niveles hay bloqueos: físicos, emocionales, mentales o de conexión interior.

Desafortunadamente, hay un vínculo muy fuerte entre emociones y comida; muchas veces se intenta tapar los primeros con la segunda, cada vez que surge un conflicto interior.

Si existen problemas de peso, antes de saltar a cualquier libro de dietas milagrosas, hay que reflexionar y conectar, explorar las causas, que pueden ser múltiples.

Algunas de las pautas generales de vida natural y sana que pueden ayudar al individuo a mantener su peso ideal y natural son:

❖ Utilizar alimentos naturales y sin refinar.
❖ Adoptar alguna forma de ejercicio moderado y regular.
❖ Disfrutar del aire fresco a diario.
❖ Cenar tan temprano como sea posible (nos ayudará a perder peso en caso de exceso y a poder digerir lo cenado y absorberlo propiamente en caso de deficiencia), Las horas de sueño nos ayudan a reparar nuestro sistema nervioso y no a digerir cenas tardías.
❖ Comer a horas fijas, adoptar nuestros propios horarios, según nuestras actividades y forma de vida.
❖ Comer con tranquilidad.
❖ Comer una comida completa (carbohidrato, proteína, verduras, algas, semillas, germinados, fermentados naturales) y una buena cantidad. Quedarnos completamente satisfechos, especialmente con el apartado de proteínas. Así evitaremos picar entre horas.
❖ Hacer un buen desayuno. Si hay un gran desgaste físico en nuestras actividades, incluir proteína también en el desayuno. Especialmente para niños, adolescentes, embarazadas, lactantes, deportistas y trabajos muy físicos.
❖ Si tomamos pescado, tomarlo al principio del día. Reservar la proteína de origen vegetal para la cena.

El sobrepeso

Un exceso de peso puede ser causado por muchísimos factores en muchos niveles. Pero entendiendo la energía de nuestra alimentación se podrían solucionar las pesadillas de millones de personas de forma muy fácil y sencilla. Hoy en día es una pandemia que se va extendiendo a nivel global, creando problemas de salud muy graves y a largo plazo.

El sobrepeso es un exceso y una retención energética. La persona está reteniendo grasa y líquido. Exceso debido a comer en demasía o a comer alimentos de concentración energética que generan exceso, que se saturan, se bloquean, retienen, amalgaman y solidifican en el cuerpo en forma de grasas; no se disuelven ni son fáciles de poder absorberse.

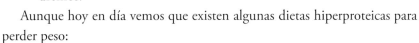

- Si deseamos perder peso a largo plazo y encontrar nuestro peso natural, tenemos primeramente que evitar todas las proteínas de origen animal (que tiene efectos de retención, acumulación y de exceso) y aprender a utilizar las de origen vegetal.
- Si deseamos perder grasa, hay que dejar de comerla.
- La proteína son los tabiques de nuestra casa. Cuanta más proteína comamos, y en especial de origen animal, más exceso tendremos.

Aunque hoy en día vemos que existen algunas dietas hiperproteicas para perder peso:

- ¿Realmente se pierde peso a largo plazo?
- O cuando se dejan de hacer, ¿se recupera e incrementa el peso perdido?
- ¿Y se siente uno con equilibrio interno? ¿O está tenso, impaciente, nervioso por haber saturado el hígado con tanta proteína animal y deseando muchos dulces por falta de carbohidratos y dulzor natural?
- ¿Y qué problemas de salud produce el consumo excesivo de proteína animal? Acidez en la sangre, putrefacción en los intestinos, colesterol y presión altos, diabetes, problemas cardiovasculares, etc.

Aunque no sólo las proteínas animales y grasas saturadas producirán este efecto y reacción de amalgamar, condensar, acaparar y solidificar, en general existen otros alimentos que también se deberían evitar si deseamos perder peso, tales como:

- Grasas saturadas, proteínas de origen animal (huevos, quesos, embutidos, carnes, jamón, aves y todos los productos lácteos).
- Pastelería, azúcar, helados, chocolates (los cuales se desearán muy intensamente cuando se come mucho producto animal).
- Horneados, bollería, pan…
- Tentempiés salados (patatas fritas, cacahuetes, galletas…).
- Sal cruda en las comidas (en las ensaladas y en platos de comida cruda).
- Exceso de cereales.
- Cocciones pesadas y grasas (fritos, rebozados, ahumados, brasa, horno…).

Y por último, los alimentos que producen un efecto contrario (de congelar, solidificar la grasa existente) y que también se deberían evitar para controlar el peso son:

❖ Bebidas y alimentos helados (congelarán las grasas existentes).

❖ Exceso de aceite (tanto en crudo como en cocciones).

❖ Productos del coco (grasa saturada con efecto enfriante).

Si deseamos perder peso, es el momento oportuno e ideal de empezar a consumir proteínas vegetales cocinadas de diversas formas, con las cuales nos sentiremos satisfechos y sin carencias al mismo tiempo que nos ayudará a encontrar nuestro peso natural.

La deficiencia de peso

La deficiencia de peso es un vacío energético, una falta, carencia, mala absorción de lo que se come, ¿o puede que no se le dé al cuerpo la calidad y cantidad que necesita?

Aquí, normalmente, un factor muy importante es también la parte mental. En muchísimas de las ocasiones en las que existe delgadez, la persona se autolimita, se autocastiga mentalmente, se dedica a controlar de forma dictatorial e inflexible con la mente lo que el cuerpo físico necesita. Controla con teorías, libros y conceptos fanáticos que no tienen sentido y que van debilitando al cuerpo físico. La voz de la mente es más fuerte que los débiles susurros del cuerpo físico.

Hay que acallar a la mente, nutrir al cuerpo físico y escuchar a nuestras emociones. Sin un trabajo de equipo, ¡no podremos armonizar y conseguir un peso estable para toda nuestra vida!

Algunas pautas para ayudar a nivel alimentario:

❖ Intentar regenerar y curar nuestra flora intestinal para una mejor absorción de lo que se come con la ayuda de alimentos fermentados (*pickles*/verduras fermentadas naturales), pequeñas cantidades de condimentos fermentados (miso, salsa de soja, umeboshi) y probióticos.

❖ Masticar muy bien y comer con tranquilidad.

❖ Incluir mayor cantidad de proteínas de calidad, tanto vegetales (legumbres, tofu, tempeh, seitán, frutos secos y semillas) como pescado y algún huevo.

❖ Tomar proteínas en cada comida. Y hacer comidas más frecuentemente (puede que cinco al día).

❖ Aprender a crear nutrición, riqueza en la cocina, no tan sólo con proteínas, sino con platos de verduras, cereales, pasta, algas, etc. Aprender los efectos de los estilos de cocción y sus cualidades energéticas para que refuercen, nutran y alimenten.

❖ Evitar por completo: alcohol, especias fuertes, estimulantes, excesos de crudos, excesos de frutas, líquidos y zumos, azúcar en todas sus formas, verduras solanáceas (tomates, patatas, berenjenas, pimientos), cítricos en zumos y vinagres.

- ❖ No usar verduras diuréticas y depurativas (espárragos, apio, nabos, rabanitos, toda clase de setas, alcachofas, ensaladas crudas…).
- ❖ Estimular el apetito con condimentos salados en cocciones y con verduras fermentadas caseras (*pickles* naturales).
- ❖ Respetar las pautas de compatibilidad y asimilación de las proteínas (*véase* capítulo 5, «Combinaciones y asimilaciones de proteínas»).
- ❖ Cenar lo más temprano posible para poder dar al cuerpo tiempo de digerir y absorber antes de empezar su tarea de reparar durante las horas de descanso.

Capítulo 5

Cómo hacer la transición

De proteínas animales a vegetales

A menudo, cuando intentamos pasar de una alimentación carnívora a una basada en alimentos de origen vegetal, puede que nuestro cuerpo físico se revele y sintamos el cambio.

Es muy fácil decidir un cambio mental e intelectualmente porque podemos intuir sus ventajas a largo plazo. Pero nos hemos preguntado: ¿cómo va a sentirse nuestro cuerpo físico al pasar drásticamente de comer un bistec o una hamburguesa animal a comer garbanzos o lentejas? ¿Podrá, a corto plazo, obtener de estos alimentos de origen vegetal la cantidad proteica que obtenía, hasta ayer, de los cárnicos? ¿Podremos obtener el mismo nivel de energía?

Nuestra mente puede aceptar cambios rápidos, nuestro cuerpo físico, de vibración más lenta, necesita tiempo. Tiempo para aprender a utilizar y absorber estos nuevos alimentos que estaban olvidados.

Tenemos que ser amables con nuestro cuerpo e intentar hacer cambios poco a poco. Supongo que a veces guiados por una filosofía, ideología, libro o amigo, estamos muy impacientes y queremos cambiar de forma inmediata.

Los cambios rápidos no duran, los lentos nos ayudarán a crear una nueva forma de vida con calidad, base y coherencia.

¿Es también importante observar a nivel emocional y sensorial cómo va a repercutir el cambio?

Los sabores, las texturas, las recetas caseras que nos preparaban o hemos preparado durante años y a las que ya desde una infancia estábamos acostumbrados… Este nivel es muy importante, porque aunque estemos muy motivados a nivel ideológico y mental para hacer un cambio, a corto o largo plazo nuestras emociones también se quejarán y nos frenarán.

Entonces, ¿cómo dar el paso?

❖ Hacer un período de transición en el que poco a poco vamos sustituyendo unos ingredientes por otros.

❖ Intentar al mismo tiempo comprender la energía, el efecto y la vibración de lo que queremos y reemplazarlo por efectos parecidos pero con ingredientes más naturales.

¿Qué clase de energía y efectos nos producirán los productos cárnicos?

Son alimentos concentrados, densos, que llenan, de sabor fuerte, textura más bien seca, que generan exceso de calor interior, revitalizan a corto plazo. A nivel de nutrientes, alto contenido en proteínas, sodio y grasas saturadas. Tendremos que buscar en nuestra alimentación ingredientes o formas de cocinarlos que nos generen estos mismos efectos para no sentir un altibajo a nivel energético al querer evitar comer carne.

Las etapas de cambio paulatino

Cada individuo es único y tendrá una velocidad única para hacer el cambio. Tan sólo debemos continuar, mirar hacia adelante en nuestro camino interminable de la vida. Sin comparar, juzgar ni mirar qué hacen los demás. Algunas pautas para ir haciendo el cambio como forma de vida, sin crear fanatismos ni padecer carencias, son:

- ❖ Reduce el consumo de huevos, embutidos, jamón y carnes rojas (cerdo, vaca, buey, ternera, cordero), utiliza tan sólo las carnes blancas (aves).
- ❖ Incrementa el consumo de toda clase de pescado, especialmente el azul y el rojo (salmón y atún). Si utilizamos pescado blanco, cocinarlo de forma sabrosa. No estamos hablando de estar comiendo mucho pescado, pero para la transición, es recomendable en lugar de la carne.
- ❖ Reduce el consumo de productos lácteos, especialmente quesos densos, salados, secos y curados.
- ❖ Aprende a generar energía y efectos parecidos (calor interior, densidad, vitalidad, fuerza…) con alimentos del reino vegetal.
- ❖ Descubre la variedad de proteínas vegetales, como el seitán, el tofu y el tempeh. Con estas proteínas podemos muy fácilmente confeccionar todos nuestros platos caseros de toda la vida obteniendo texturas y consistencias muy parecidas.
- ❖ Descubre la variedad de cereales integrales para tener el aporte de densidad, calor interior y de estabilidad que necesitamos.
- ❖ Reduce y evita el consumo de carbohidratos vacíos (patatas, pasta refinada, pan blanco…) y da preferencia a los cereales integrales de grano entero (semillas de vida: arroz, cebada, mijo, quinoa, pasta integral…), especialmente cereales en grano pero ligeros, ya que al principio, al haber consumido carne y carbohidratos vacíos, no nos apetecerán los cereales con textura más densa y pesada.
- ❖ Evita por completo todas las carnes rojas y lácteos densos. Reduce las aves.
- ❖ Descubre mil formas de cocinar verduras, sin quedarte tan sólo en la típica ensalada o en las verduras al vapor. Haz suculentos salteados de verduras, estofados, fritos y rebozados de verduras, verduras al horno, en papillote, con salsas interesantes y guarniciones nutritivas. Especialmente con verduras de raíz (zanahorias, cebollas, chirivías, nabos, col rabí, remolacha…) y redondas (coles, calabazas, coliflor…).
- ❖ Incrementa el consumo de frutos secos y, a diario, de toda clase de semillas (sésamo, calabaza y girasol).
- ❖ Evita por completo todos los productos lácteos (incluyendo leche, mantequilla, natas, margarinas, quesos blandos, requesones, etc.).

- ❖ Haz patés de consistencia seca y tendencia ligeramente salada con pescado, legumbres, tofu, tempeh…
- ❖ Obsérvate emocionalmente, qué es lo que deseas y de dónde proviene tu carencia: si es a nivel físico, emocional, o mental. Trata la carencia o el deseo según su nivel, hablando el mismo idioma y generando una vibración similar.

Así pues, es importante que nos observemos a todos los niveles, tanto física como emocionalmente, y vayamos satisfaciendo nuestras necesidades, de acuerdo a la energía y efectos deseados.

Combinaciones y asimilaciones de proteínas

Combinar la vegetal y la animal en una misma comida

Recomiendo utilizar una clase de proteína por comida e ir cambiando, creando variedad en el día, semana, mes…

Nuestro cuerpo necesita variedad de ingredientes para poder obtener un óptimo funcionamiento (carbohidratos, proteínas, minerales, vitaminas, aceites, fibra…), no podemos vivir tan sólo de proteínas. Tendremos carencias a muchos niveles.

Y éste es el modelo que hemos visto especialmente a través de los últimos 30-40 años: alimentarse casi exclusivamente de proteínas (especialmente animales) y, para compensar energéticamente, de carbohidratos vacíos (patatas, pan blanco, pasta blanca). Podemos observar como el primer plato puede que sea una sopa de garbanzos, o un estofado de lentejas con chorizo, o para el más modesto una ensalada con huevo duro y atún; seguidamente del plato de proteína animal: bistec, albóndigas, estofado de carne, tortilla, pescado, etc.

La cantidad de proteína que se toma hoy en día es excesiva y totalmente desmesurada para lo que nuestro cuerpo necesita. Es una idea totalmente equivocada y por la cual ya en estos momentos lo estamos pagando muy caro a nivel de salud: obesidad, colesterol, presión alta, diabetes, problemas cardiovasculares, desmineralización y osteoporosis, problemas de corazón, problemas de menstruación, síndromes premenstruales, problemas en la menopausia, etc.

Si comemos un plato de garbanzos (proteína vegetal), las necesidades proteicas de nuestro cuerpo en esta comida ya estarán totalmente cubiertas. Aunque por descontado, tendremos que cubrir otras necesidades en la misma comida de carbohidratos (cereales integrales), fibras y vitaminas (verduras), minerales (algas), aceites…

Si deseamos comer un plato con pescado (proteína animal), tendremos que equilibrar del mismo modo que en el anterior ejemplo, incluyendo una cantidad mayor de verduras y ensaladas.

Lo importante es no quedarnos estancados con recursos pobres en variedad: comer tan sólo garbanzos y lentejas como proteína o vivir de tofu. Hay que variar (legumbres de todas las clases, tofu, seitán, tempeh, frutos secos) y varias veces a la semana un poco de pescado fresco de acuerdo a la actividad física, edad y necesidades energéticas personales.

Puede que alguna vez, de forma esporádica, incorporemos en una misma comida o receta proteína animal (pescado) y proteína vegetal. En cuanto a la digestión, no existe ningún problema.

Puede que utilicemos a veces esta fórmula para niños delgados y débiles, adolescentes, mujeres embarazadas y en período de lactancia y para personas con una gran actividad y desgaste físico.

Combinar dos proteínas vegetales en una misma comida

Depende de su naturaleza. Algunas pautas energéticas:

❖ No combinaremos dos legumbres en una misma receta o comida. Si ya nuestro cuerpo tiene dificultad en digerir una sola, ¿cómo podemos pretender darle dos de diferentes características y energías? Cada leguminosa es única. Tendrá un tiempo de cocción único, y no deben mezclarse, ¡aunque podamos ver en el mercado estas mezclas fantásticas de legumbres en un paquete! Mejor no aventurarse, ya que esta clase de aventura no conduce a ningún resultado positivo en cuanto a digestión, y pueden ocasionar gases y otros trastornos digestivos.

❖ Tampoco combinaremos el tempeh (proteína fermentada de una legumbre) con otra leguminosa.

Aunque el tempeh sea un producto fermentado, su fermentación es muy corta, a nivel energético es como comer dos legumbres, y ya hemos explicado anteriormente sus efectos. Podemos combinar el tempeh en una misma comida con tofu o seitán.

Podemos mezclar el tofu con otras proteínas vegetales (tanto con el tempeh, como el seitán o legumbres). Aunque el tofu sea un derivado de la soja amarilla, está más depurado (no contiene ni las pieles, ni la pulpa) y por consiguiente no produce a nivel de digestión los efectos que una leguminosa podría ocasionar, aunque puede ocasionar problemas parecidos (flatulencias, estómago e intestinos hinchados, diarrea, etc.) si se consume crudo o en postres, mezclado con frutas, endulzantes y especias.

Podemos mezclar en una misma comida seitán con otras proteínas vegetales (tanto tofu como tempeh o legumbres), ya que el seitán proviene de la harina de un cereal, y ya hemos mencionado la compatibilidad de los cereales con las legumbres.

Combinar proteína vegetal y fruta

Otra combinación muy nociva para nuestros intestinos es la de proteína vegetal y fruta. No necesariamente en la misma receta, sino incluso en la misma comida. Recomendamos comer fruta entre comidas, pero no inmediatamente después de éstas.

La fruta inhibe la absorción de la proteína vegetal, que es menos densa, menos concentrada, y al tomar fruta diluye su absorción, cancela su asimilación, además de producir fermentación, gases e inflamación intestinal.

Si debido a nuestra forma de alimentación pasada, nuestra flora intestinal no está en óptimas condiciones, es muy importante que nos centremos en este tema:

- ❖ Primeramente curando y regenerando nuestra flora intestinal con alimentos fermentados de buena calidad (verduras fermentadas naturales caseras, usando diariamente condimentos fermentados naturales tales como la salsa de soja, tamari, miso, umeboshi). Estos condimentos no se consumen por ser una moda oriental, sino por su gran valor medicinal y de regeneración de la flora intestinal.
- ❖ Segundo, comiendo simplemente, con claridad y simplicidad, y utilizando alimentos de buena calidad.
- ❖ Tercero, no mezclando frutas con proteína vegetal en la misma comida. Ya sean frutas frescas como frutas secas, el efecto energético es el mismo (expansión, inflamación e hinchazón).

Nos podríamos preguntar por qué estamos tan necesitados de postre. Porque incluso antes de empezar a comer, nos preguntamos qué hay de postre. Es una necesidad del cuerpo físico, del emocional, un hábito familiar/social. Realmente, ¿cuál es el efecto energético de los postres y por qué no podemos pasar sin ellos?

Si tomamos una comida convencional (de primer plato ensalada, sopa, etc. y de segundo el plato de carne), veremos que a nivel de consistencias, hemos empezado por algo diluido, refrescante, seguido del plato con pesadez, textura más seca, densa, grasienta y con grasa saturada la mayor parte de las veces. Nuestro cuerpo, a nivel energético, está aullando por alimentos que refresquen, depuren, diluyan…, y normalmente decidimos como postre tomarnos unas natillas, un flan, un pedazo de queso, ¡o a veces con suerte un poco de fruta!

Sugiero hacer un plato combinado, en el tengamos un poco de cada grupo de alimentos necesarios para nuestra vitalidad y equilibrio: cereal, proteína, verduras dulces de cocción larga, verduras de cocción ligera, corta y refrescante o un poco de ensalada, germinados, semillas, algas y verdura fermentada.

Si comemos de forma variada y completa, veremos que no necesitamos ni pensamos en postres. Así podremos ir combinando a medida que vayamos comiendo todas las texturas y consistencias. Un poco de ensalada, seguido de un poco de cereal, verdura, seguido de proteína, etc., terminando las últimas masticaciones con verdura dulce y ensalada crujiente y que refresque. ¡Éste será nuestro postre!

También si masticamos bien nuestra comida, la ensalivamos, veremos que no tenemos que beber constantemente a la hora de las comidas, no tendremos sed. Por supuesto si nuestras comidas son del reino vegetal, ya que las verduras, etc., contienen gran cantidad de líquido.

Si por el contrario tomamos grasas saturadas, carnes y lácteos (consistencia seca, densa, pesada), nuestro cuerpo necesitará beber constantemente, lo que diluirá nuestros jugos gástricos y no favorecerá el proceso de la digestión. Tal como decía Gandhi: beber nuestra comida y masticar nuestra bebida.

Es más recomendable tomar la fruta –si necesitamos sus efectos energéticos de enfriar, diluir, dispersar, depurar…– entre las comidas. La fruta fresca activa, la fruta cocida relaja.

La leche de soja y su asimilación

Mucha gente mal informada considera la leche de soja un buen sustituto de la leche de vaca, creyendo que nos aporta la misma nutrición y alimento. Incluso se aconseja para personas con alergias a los lácteos como un buen sustituto, sin realmente conocer las reacciones y efectos energéticos que creará.

Todos conocemos, especialmente en el sector alternativo, el valor proteico de la soja, y por esta razón la utilizamos en forma de tofu, tempeh, natto y condimentos fermentados tales como la salsa de soja, el tamari y el miso.

Para que nuestro cuerpo pueda asimilar bien las propiedades de la soja, hay que cocinarla muy bien, por esta razón en países ricos en soja se han creado sus productos derivados, en los que entran diferentes procesos para hacerla más asimilable.

- ❖ Tofu, se utiliza nigari (sal mineral) para su coagulación.
- ❖ Tempeh y natto, procesos de fermentación.
- ❖ Miso, salsa de soja y tamari, procesos de fermentación en los que se incluye: sal marina, presión y tiempo (tres años).
- ❖ Los germinados de soja también pueden ser difíciles de asimilar para personas con debilidad intestinal, ya que una legumbre debería de estar siempre bien cocida (cocina de la abuela) para una absorción apropiada.

Éste no es el caso de la leche de soja, a grandes rasgos su obtención se produce remojando la soja, haciéndola puré, filtrándola, hirviéndola, filtrando su líquido y terminando con otro hervor rápido.

Puede que algunas marcas de calidad lo hiervan durante más tiempo, incluso con la ayuda de minerales, en forma de algas y algún endulzante natural. Pero aun así esta leche de soja es difícil de asimilar. Por mi experiencia energética, he constatado en muchísimas personas y niños los efectos que produce:

❖ Reduce la temperatura general del cuerpo y enfría.

❖ Expande, crea distensión general del sistema digestivo.

❖ Hincha los intestinos, produciendo con su consumo regular diarreas, flatulencias e impide la buena asimilación y absorción de otros alimentos.

❖ Problemas de piel.

❖ Problemas en el sistema respiratorio (asma, resfriados, mucosidades…). Puede que si todavía estamos comiendo gran cantidad de productos animales, no percibamos los efectos expansivos y de distensión que la leche de soja produce, ya que a nivel energético son opuestos.

Si nuestra alimentación es más bien de origen vegetal, es muchísimo más recomendable utilizar otras leches de cereales o de frutos secos (sin azúcar) que ahora existen en el mercado, como leche de arroz, de avena, de mijo, de quinoa, de almendras, de avellanas (sin azúcar) o incluso hacer nuestras propias leches caseras. Aunque, ¿realmente necesitamos tomar leche? ¿Para qué cuerpo la necesitamos? ¿Puede que más para el emocional que para el físico?

Los germinados y su valor proteico

Actualmente, los germinados están muy de moda y tenemos que reconocer sus grandes propiedades. Son alimentos «vivos», las semillas empiezan el proceso de desarrollar una nueva planta, por lo que poseen un mayor número de nutrientes y son mucho más fáciles de digerir debido a la acción de las enzimas.

Recomiendo usar una pequeña cantidad de germinados de verduras en las comidas diarias, que nos aportarán además frescura y sabor crujiente.

Aunque no recomiendo usar germinados de legumbres. Hoy en día, más y más personas tienen problemas digestivos: gases, flatulencias, digestiones difíciles, diarrea. Nuestro sistema digestivo ya no tiene la entereza y fortaleza de los de nuestros antepasados. Tenemos alergia al gluten de los cereales, no podemos digerir bien las legumbres, etc. La calidad de estos productos, incluso los de cultivo biológico, no tiene nada que ver con la calidad de antaño, pero también es debido a que con la alimentación moderna estamos debilitando a largo plazo nuestro sistema digestivo. ¿Puede que nuestra incapacidad de digerir los alimentos esté relacionada con nuestra incapacidad de digerir nuestra vida?

Los germinados a nivel vital son únicos, pero si hablamos de los germinados de legumbres, es como comer legumbres crudas. Si incluso tenemos dificultad en digerirlas después de haberlas cocinado largo tiempo, ¿cómo podemos pretender digerirlas tan sólo germinadas? Recomendamos usar las legumbres siempre en cocciones largas para poder asimilar debidamente todas sus propiedades.

Sugiero empezar a hacer germinados, pero con semillas de verduras y oleaginosas (alfalfa, berros, semillas de girasol, mostaza, rabanitos, remolacha, semillas de calabaza). Por supuesto se consumen crudos, en ensaladas, bocadillos, etc.

Cantidad de proteína

La proteína vegetal es menos concentrada que la animal, por lo que hay que consumir más cantidad en cada comida. No podemos pretender comer el mismo volumen de carne que de lentejas. Es incomparable. Y éste es un error muy común que cometen muchas personas al empezar a cambiar a proteínas vegetales. Poco a poco vemos que su vitalidad, sus ánimos y su chispa por la vida van decreciendo, están más débiles y con menos energía y optimismo.

Muchos siguen durante meses, años, aferrados a disciplinas estrictas e inflexibles, debilitando el cuerpo físico, reprimiendo el cuerpo emocional y controlando con la mente, ¡con teorías que no funcionan!

Otros, puede que más intuitivos, al sentir que les «falta algo» cambian de nuevo drásticamente al otro extremo. Puede que antes se alimentaran de carnes rojas y aves. Ahora, puede que incluso lleguen a utilizar carne de caballo por la deficiencia energética causada.

Ni un extremo ni el otro nos conducirán a una armonía y paz interiores. Acciones extremas generarán reacciones extremas.

Una deficiencia en proteína en cada comida es el camino más corto para estar picando constantemente durante todo el día. Es un signo de insatisfacción.

Si realmente nuestras comidas, tres veces al día, son completas, no necesitaremos picar.

«Hay que comer para vivir, no vivir para comer».

Muchos pasan el día pensando en comida, controlándose y sintiéndose culpables por desear esto o aquello, sin darse cuenta, o por desconocimiento energético, de que existe una carencia.

Si tomamos proteína vegetal, observaremos que deseamos más cantidad de ella, y al mismo tiempo nuestro cuerpo estará más predispuesto a comer cereales integrales. Al hacerlo, nuestro cuerpo poco a poco estará totalmente satisfecho y abastecido de carbohidratos, para generar energía y vitalidad física y concentración mental. No deseará azúcares refinados (galletas, pasteles, pan, bollería, chocolate…), los cuales nos producen esos estados de euforia y depresión tan acusados por sus efectos energéticos extremos.

Si continuamos con carnes, embutidos y lácteos, no desearemos probar las proteínas vegetales, ni tampoco nos atraerán los cereales integrales. Tan sólo carbohidratos vacíos, sin energía (patatas, pan blanco, pasta blanca, etc.).

Al sentirnos sin energía ni vitalidad, nos atraerá el consumo de azúcares rápidos (que actúen directos al riego sanguíneo, tales como el azúcar blanco, moreno, etc.) para generar la energía que nos falta.

Puede que por unos minutos nos sintamos en la cima de nuestra montaña, pero rápidamente nos encontraremos en nuestra cueva, hasta el momento de volver a utilizar más azúcares rápidos o estimulantes.

Con esta rueda sin principio ni fin, nuestro cuerpo físico se debilitará al máximo, nuestro cuerpo emocional y mental se sentirá culpable y sin confianza en nosotros.

Es un círculo energético que no puede romperse, salvo que cambiemos la calidad de la proteína.

CANTIDAD DE PROTEÍNA POR PERSONA/COMIDA

Seitán, el equivalente a 3-4 rodajas gruesas.

Tofu, el equivalente a 3-4 rodajas gruesas.

Tempeh, el equivalente a 3-4 rodajas gruesas.

Legumbres, una buena porción de ellas, el equivalente a 1 taza de legumbres cocidas.

Es peligroso poner cantidades por escrito, ya que muchas personas toman la información de forma drástica, inflexible y matemática. Hay que escuchar las necesidades de nuestro cuerpo a cada segundo de nuestra vida.

Puede que en una comida deseemos todo el paquete de seitán y en otra únicamente una rodaja. Estamos tan sólo orientando de una forma general.

¿Cuantas veces al día deberemos de comer proteína?

Sugiero como pauta y de forma estándar comerla 2 veces al día. Esto nos da la suma de 14 veces a la semana. Así pues, necesitamos variedad de proteína:

CANTIDAD DE PROTEÍNA A LA SEMANA

Seitán. 1-2 veces a la semana

Tofu. 1-2 veces a la semana

Tempeh . . . . 2-3 veces a la semana

Legumbres . . . . 6-7 veces a la semana

Pescado . . . . 1-2 veces a la semana

En estas sugerencias generales pueden incluirse los bocadillos de la mañana, en los que incluiremos también un poco de proteína vegetal o pescado.

Ya hemos comentado que el consumo de pescado es algo muy personal, pero para prescindir totalmente de su consumo, tenemos que saber cocinar muy bien la proteína vegetal, creando con alquimia los efectos de nutrición, energía y vitalidad que nuestro cuerpo necesita a diario.

La cantidad y asiduidad del consumo de proteínas depende totalmente de las necesidades personales del individuo (*véase* capítulo 4, «La rueda de la vida y sus necesidades proteicas»).

Momento del día para su consumo

Es curioso y divertido observar los hábitos a este respecto. Mientras se considera que en la cena, por ser tarde, hay que consumir «algo ligero» –por ejemplo un huevo frito, un poco de pescado a la plancha, una lata de atún con ensalada, pan con embutido o queso–, en el almuerzo se deberían tomar las legumbres, ya que son difíciles de digerir.

Si estudiamos los efectos energéticos de estos alimentos, veremos que todos son alimentos animales (incluyendo el pescado), nos darán más movimiento, generarán más vitalidad física, calor interior, tensión y agresividad. Después de un día agotador de trabajo, tensión, estrés y obligaciones, lo que necesitamos es relajarnos, dar a nuestro cuerpo el menor trabajo posible a todos los niveles.

Si deseamos consumir proteína animal (pescado u ocasionalmente huevos), deberíamos consumirlos en el almuerzo, o incluso en el bocadillo de la mañana, y dejar la proteína vegetal para la cena.

La proteína vegetal nos dará más paz, más relajación, menos tensión. Si cocinamos adecuadamente las legumbres, las podremos digerir sin ningún problema.

La calidad energética al levantarnos al día siguiente será proporcional a la calidad de proteína que tomemos en la cena, ¡y por supuesto a la hora en que la tomemos! Recomendamos cenar lo más temprano posible.

Los productos animales son pesados, densos y nos saturan el hígado. Cenar muy tarde también daña el hígado y cansa todos nuestros órganos vitales, ya que nuestro cuerpo deberá utilizar las horas del sueño para digerir, no pudiendo hacer sus funciones de reparar y equilibrar nuestro sistema nervioso.

Al día siguiente nos sentiremos mucho más cansados, y por consiguiente tendremos que compensarlo con estimulantes rápidos (como el café y azúcar) para poder sentirnos despiertos y vivos y reemprender nuestras tareas diarias.

Proteína, riqueza y nutrición en nuestra cocina

Durante todos estos años de dedicación constante al estudio y experimentación energética, he visto a mucha gente desnutrida. Personas que practican formas alternativas pensando que son más sanas y naturales, pero poco a poco observo como su vitalidad y chispa por la vida va desapareciendo.

Algunos aferrados a disciplinas rígidas continúan su «calvario alternativo», otros deciden terminarlo con el comentario apropiado de que no funciona. ¿Es realmente ésta la verdad? ¿O puede que no hayan comprendido bien ni se hayan asesorado en profundidad por personas con experiencia?

Una práctica alternativa con pocos conocimientos es tan peligrosa como intentar conducir un coche con tan sólo un manual de instrucciones.

Si deseamos alimentarnos de forma más natural, sustituyendo alimentos extremos, hay que aprender formas de cocinar que nos nutran y nos aporten la suficiente energía, vitalidad y ganas de vivir.

Para conseguirlo hay que explorar varias fases. Recoger y entender todas las piezas del puzle energético, para luego ver la imagen final o sentir, mejor dicho, sus resultados.

Hay distintos factores que determinan la nutrición:

Alimentos

Una alimentación basada en:

❖ Cereales integrales. Mucha gente piensa que tomando pasta, harinas, copos o pan integral ya está comiendo lo adecuado. Estos alimentos, por más naturales e integrales que sean, ya han sido procesados y no nos aportan la energía y vida que a largo plazo necesitamos. Recomiendo utilizar a diario cereales completos –de grano entero (semillas de vida)–, tales como la cebada, el mijo, la quinoa, el arroz, la avena… y proteínas vegetales, tales como toda clase de legumbres, tempeh, seitán, tofu, frutos secos y semillas.

También la cantidad es importante. Si utilizamos proteínas vegetales, deberemos comer más cantidad, ya que no son tan concentradas como las de origen animal.

❖ Utilizar a diario semillas y frutos secos ligeramente secados, que nos aportarán aceites, grasas y proteínas de buena calidad, y masticarlos bien.

También es importante para obtener la vitalidad, nutrición y chispa que se necesitan hoy en día consumir regularmente pescado fresco y algún huevo de buena calidad, en caso de personas con deficiencia o mucha actividad física.

❖ Verduras del mar. Nos aportan minerales y también son un elemento indispensable en una alimentación natural.

❖ Verduras de tierra. La variedad de verduras es importante, pero lo principal es saberlas cocinar. Una buena ensalada nos aporta vitaminas, pero no la riqueza nutritiva y los efectos energéticos que deseamos obtener. Hay que variar de estilos de cocción, ya que cada uno nos aporta efectos diferentes. Las verduras que nos darán más calor interior, dulzor natural y nos nutrirán son las de raíz (cebollas, zanahorias, chirivías, boniatos…) y las redondas (calabaza, coles, coliflor…).

Estilos de cocción

Para obtener los efectos de calor, nutrición, dulzor natural, reforzar…, hay que utilizar estilos de cocción con tapa, que comporten más tiempo, por lo cual más tiempo de llama, más sal y más aceite en la cocción.

La llama será media/baja, aportando a lo que se cocina una energía de calor interior, relax, sabor dulce natural y riqueza. La cantidad de agua en cocción será mínima.

Estilos de cocción tales como: estofados, sopas, cremas, salteados largos de verduras de raíz, horno, fritos, rebozados, presión. También podemos usar salteados cortos (sin tapa) o verduras a la plancha con proteínas vegetales.

Por supuesto, consumiremos ensaladas y verduras crujientes, que refresquen, como componente de equilibrio en la mesa. Pero éstas no nos aportarán la energía interior, el calor, la riqueza y la nutrición a la que nos estamos refiriendo.

Por lo que podemos ver, ¡no todo se resuelve cocinando todas nuestras verduras al vapor! Hay que variar y nutrirnos de diferentes efectos y energías que nos aportan diferentes estilos de cocción. Si deseamos generar el efecto de nutrir a nivel profundo y que su efecto sea acumulativo, a largo plazo, podemos también usar dos tipos de cocción en una misma receta:

❖ Podemos rehogar las cebollas o los puerros y luego añadir el resto de las verduras para hacerlas estofadas.

❖ Hacerlas al vapor y luego saltearlas con un poco de aceite, salsa de soja o tamari y hierbas aromáticas.

❖ Escaldarlas y luego saltearlas rápidamente, incluyendo alguna proteína vegetal.

❖ Incluir semillas o frutos secos secados.

❖ Hacerlas al vapor y luego añadir alguna salsa, polvo de almendras y gratinar en el horno durante unos minutos.

❖ O podemos añadir al estofado alguna proteína vegetal previamente hecha a la plancha…

Puede que el proceso nos parezca complicado, pero si observamos nuestra cocina tradicional, veremos que es exactamente igual: paella, macarrones, guisos, estofados de legumbres, caldos… siempre se efectúan en varios procesos para obtener el resultado final.

Claro está, esto comporta más tiempo en la cocina y olvidarnos del horno microondas.

Aunque con organización y conocimientos podemos todavía usar el refrán: «Comer para vivir y no vivir para comer». Al fin y al cabo, ¿qué valor le damos a nuestra salud? ¿Y a la de nuestra familia? ¿Vamos a comprometerla? ¿Acortar camino para llegar con más rapidez a dónde? ¿A quién estamos engañando?

Sabemos muy bien que comemos para generar una buena calidad de la sangre, y con ello crear salud, energía y vitalidad en nosotros y en nuestra familia.

Condimentos y aliños

Utilizar aceite de presión en frío de buena calidad en rehogados, salteados, etc. El aceite en cocción nos aporta calor interior, nutre y enriquece. El aceite crudo en ensaladas nos aporta una energía más superficial y enfría.

Muchas veces se asume que el aceite en cocción es tóxico, cancerígeno y que no debe utilizarse. Por supuesto que un aceite calentado a una temperatura máxima, en la cual empieza a humear, no es recomendable para nadie. Aquí no nos referimos a esta circunstancia, sino a la de calentar ligeramente el aceite añadiendo inmediatamente las verduras y una pizca de sal, lo cual ayudará a las verduras a perder su líquido y a cocinarse y combinarse con el aceite, sin quemarlo.

Para obtener la energía de nutrir y enriquecer se puede utilizar el aceite de oliva de primera presión, así como el de sésamo, unas gotas de aceite de sésamo tostado al final de la cocción darán un aporte aromático y de calor interior profundo.

Podemos aumentar con moderación el uso de algunos condimentos salados, tales como el miso, la salsa de soja, el tamari, la sal marina…, pero siempre pensando en el equilibrio final y complementando con pequeñas cantidades de hierbas aromáticas tanto secas como frescas, ralladuras de cítricos, un toque de jengibre, etc.

Capítulo 6

Las legumbres

Formas de cocción

Los platos de legumbres forman parte de la cultura de todos los pueblos del planeta Tierra. Puede que todavía nos acordemos de algunas recetas que nuestra madre o abuela nos hacían. Preparados ya desde la mañana, estos potajes se iban cociendo lentamente, y el sabor de las verduras del campo, los cereales y las legumbres se integraban por completo, resultando un plato único, que ofrecía energía y vitalidad para afrontar el clima frío de los meses de invierno.

Estos platos, por desgracia, han ido desapareciendo de nuestro repertorio culinario, siempre cocinando con prisa. No necesitamos estar en casa toda la mañana, esperando que los garbanzos se terminen de hacer, pero mientras estamos cenando, relajándonos y organizando el día siguiente o un día en el fin de semana, estas legumbres sí que pueden estar cociéndose lentamente. Es cuestión de organizarnos y pensar con un poco de antelación.

Las legumbres pueden generar muchos problemas para poder digerirlas y absorber sus propiedades. A muchos les ocasionan gases, flatulencias, indigestiones, etc. El verdadero problema es no saberlas cocinar adecuadamente o tener un sistema digestivo débil e inflamado debido a una alimentación inadecuada. A continuación detallamos los pasos necesarios para facilitar su cocción:

- ❖ Remojarlas durante toda la noche o un mínimo 6-8 horas con abundante agua (para que al día siguiente cuando vayamos a tirar el agua del remojo, todavía todas las legumbres estén cubiertas de agua). Si tenemos algunas ya secas en la superficie sin agua, no se cocinarán.
- ❖ No utilizar el agua del remojo.
- ❖ Utilizar agua de buena calidad para su cocción.
- ❖ Llevar a ebullición sin tapa, durante 10 minutos, retirar con una espumadera todas las pieles que pudieran estar sueltas flotando y la espuma.
- ❖ Añadir una tira de alga, especialmente wakame o kombu para ablandarlas más rápidamente.
- ❖ Cocinarlas tanto a presión como en cazuela de fondo grueso, hasta que cada legumbre esté partida, abierta, suave y cremosa. Su tiempo de cocción dependerá de muchos factores: de la calidad de la legumbre, de si la cosecha es reciente o de años pasados…, por lo que no se puede indicar el tiempo preciso de cocción.
- ❖ No utilizar ningún aderezo salado hasta que las legumbres están cremosas y bien cocidas. Los condimentos salados contraerán, cerraran, endurecerán las legumbres si se añaden al principio de las cocciones.
  - – Si se añade sal cuando ya están bien cocidas, dejarlas cocinarse al menos 10-15 minutos más para amalgamar y unificar la sal con el resto de los ingredientes.

– Si se añade miso o salsa de soja o tamari, dejar cocer al fuego mínimo durante 2-3 minutos, sin hervir, para no perder las propiedades de fermentación de estos condimentos naturales.

❖ El alga que se ha utilizado en la cocción, también se consume. No se tira. Si realmente deseamos no encontrarla en el plato, se puede hacer puré e integrarla de nuevo. Aunque al haber cocinado las legumbres tanto tiempo, las algas estarán ya casi deshechas.

Si todavía experimentamos problemas digestivos, podemos incluir otros pasos complementarios en su cocción:

❖ Remojar las legumbres directamente con agua hirviendo.

❖ Después de remojarlas, frotar ligeramente unas con otras y quitar las pieles sueltas.

❖ Antes o después de remojarlas, tostarlas en una sartén (sin aceite) durante unos minutos, para ablandar las pieles.

❖ Después de cocinarlas apropiadamente, pasarlas por un pasapurés y hacer una crema o puré muy espeso. Tirar las pieles.

❖ Usar especias carminativas para ayudar a su digestión: anís, comino, hinojo.

❖ Comer pequeñas cantidades y masticarlas muy bien.

❖ No comer restos de legumbres de más de 3 días.

Sus efectos energéticos

Nos generan calor interior, energía y vitalidad, riqueza y nutrición, satisfacción, nos nutren en profundidad, nos fortalecen los riñones.

Hoy en día nos hemos casi olvidado de estos alimentos de toda la vida y damos muchas excusas de por qué no las utilizamos:

❖ no tenemos tiempo para cocinarlas,

❖ nos sientan mal,

❖ a la familia no le gustan,

❖ son sosas, etc.

No nos damos cuenta de que los platos cocinados con tiempo, relajación, llama media/baja, con tapa, nos ofrecerán todas las propiedades que poseen. Se rendirán a nosotros totalmente. Son los platos de toda la vida, y los que han alimentado durante generaciones a todos nuestros antepasados, dándoles raíces, dirección, coraje y fuerza física.

A todos los niveles, podemos observar que cuando dedicamos tiempo a alguien o a algo, siempre recogemos, atraemos lo mejor del acontecimiento o de la persona. Y hoy en día, es el factor tiempo del que hay una carencia total.

Intentamos comer alimentos congelados y cocinados en segundos en un microondas, abrir latas o comer platos preparados industrialmente. Y con ellos pretendemos alimentarnos y sentirnos llenos de energía y vitalidad.

Incompatibilidades con las legumbres

- Con otra leguminosa en la misma receta o en la misma comida.
- Con tempeh en la misma receta o en la misma comida.
- Con excesos de especias y picantes, ya que los dos ingredientes son de naturaleza expansiva y combinados juntos no favorecen la digestión. Producirán gases y flatulencias. Las únicas especias recomendadas son las carminativas (hinojo, anís o comino). Para dar sabor a las legumbres podemos usar diversas hierbas aromáticas.
- Con excesos de cítricos y vinagres.
- Con frutas.
- Con endulzantes.

Incluyendo legumbres

- Sopas: se pueden añadir en cualquier sopa, pero no mezclar dos legumbres. También en caldos, potajes, cremas y consomés…
- Con cereales integrales y pasta: se pueden añadir a platos de toda la vida (en paellas, fideos a la cazuela, ensaladillas, ensaladas de cereales o de pasta, para rellenos de lasaña, canelones, crepes, empanadillas, bocadillos…).
- Con verduras: en toda clase de estilos de cocción (estofados, potajes, guisos, salteados de verduras, cocidos, rehogados…).
- Con ensaladas.
- Con algas: una combinación esencial, para que podamos digerirlas.
- Forma de patés, croquetas, hamburguesas, escalopas, pastel, tortilla de legumbre (sin huevo).

Platos fáciles recomendados

A continuación mencionamos algunos platos fáciles de confeccionar, para personas principiantes que deseen integrar las proteínas vegetales en su alimentación diaria. Estas sugerencias las encontraréis en el apartado de recetas de cada una de las proteínas vegetales.

Sugiero empezar con recetas simples, y poco a poco practicar todas las del libro. Seguro que a cada cual, de acuerdo con sus gustos personales y únicos, le favorecerán más unas que otras.

Cuando ya tengamos soltura manejando y utilizando las proteínas vegetales, podremos integrar recetas tradicionales que en nuestra familia se utilizaban y no deseamos olvidar. Al conocer la textura y versatilidad de cada proteína vegetal, podremos escoger la más indicada para aquella receta tan casera que puede nuestra madre, o abuela o tía nos hiciera en aquel día tan especial.

¡Os animo a practicar y a experimentar! Tan sólo recordaros que al utilizar proteínas vegetales, la cantidad de aliños y condimentos se reducirá a una cantidad más sutil y moderada. No hace falta utilizar tanto aceite, o sal o especias. Y con ello, podremos apreciar con más sensibilidad los sabores naturales de los ingredientes que utilizamos, sin necesidad de enmascararlos con gustos y efectos energéticos extremos.

Algunas recetas fáciles en este libro, para empezar a cocinar con legumbres:

- Crema de judías blancas con tropezones de pan crujiente
- Sopa de arroz con garbanzos
- Crema de lentejas rojas
- Croquetas frías de garbanzos al sésamo
- Hamburguesas de judías pintas
- Cocido de lentejas beluga con tofu frito
- Estofado de azukis con romero
- Cocido de alubias blancas con seitán
- Bocadillos con paté de lentejas
- Bocadillo con hummus

Preguntas

Todas las que se deseen, pero deben haberse cocinado muy bien para que se puedan digerir y se pueda asimilar y absorber su proteína. Si se desea comer en las dos comidas del mismo día, que sea la misma clase de legumbre.

Aunque al tener gran variedad de otras proteínas vegetales (tofu, tempeh, seitán) es más agradable ir variando y alternando las diferentes clases de proteínas vegetales.

Nos generan calor, energía, riqueza, satisfacción, nos nutren en profundidad, nos fortalecen los riñones. Pero siempre y cuando estén bien cocidas. Si no lo están, nos producirán trastornos digestivos (gases, flatulencias, hinchazón abdominal).

¡No tenemos que ir contando una por una la cantidad de lentejas! Cada persona y en cada momento necesitará cantidades diferentes de proteína.

Puede que si hace frío y hemos realizado un trabajo muy físico, deseemos más proteína. Puede que si hace mucho calor y hemos trabajado tan sólo en la oficina, no deseemos tanta.

A nivel estándar, podríamos aconsejar la cantidad de un 35% de legumbres cocidas en el plato combinado. En el plato combinado completo, también habrá 25% de cereales, 25% de verdura dulce cocción larga, 15% de hoja verde de cocción corta, un poco de algas, semillas, germinados y *pickles*. Aunque tenemos que ser flexibles y escuchar las necesidades de nuestro cuerpo.

Ya desde los 6 meses, los bebés pueden empezar a familiarizarse con este tipo de proteína vegetal. Una pequeña cantidad, cocida durante largo tiempo junto con los cereales, les proporcionará la calidad proteínica que necesitan. Por descontado, lo mejor es seguir alimentándolos con leche materna hasta aproximadamente 1 año.

Se puede empezar con lentejas rojas, garbanzos, lentejas o azukis, que son más dulces y cremosos, y poco a poco según vayan creciendo, se pueden ir variando las clases. Siempre pasándolas por el pasapurés para quitar por completo sus pieles.

Repetimos que lo más importante es que estén bien cocinadas. Una legumbre cocida que está totalmente entera, sin abrirse, significa que no está bien cocida.

La cocción no ha penetrado en su interior, todavía no se ha cocinado propiamente y no nos beneficiaremos de sus propiedades.

Si hemos ofrecido variedad de legumbres a nuestros hijos, ya desde temprana edad, estarán habituados al consumo regular de legumbres, no solamente al nivel de paladar, sino que su cuerpo podrá absorber debidamente su proteína, por lo que continuaremos el consumo regular de legumbres en la edad de la adolescencia, pero puede que preparadas con más estímulos –colores, sabores, formas– que cuando eran pequeños.

Podemos muy bien incluir una clase de leguminosa en:

❖ Una crema de verduras con tropezones de pan crujiente, o en una sopa minestrone con pasta.

❖ Hacer patés (de garbanzos, de lentejas, etc.), son las delicias de los adolescentes, servidos con pan de pita o crepes y tiras de verduras de colores, etc.

❖ Con cereales, tipo paella de verduras y garbanzos, ensalada de arroz y lentejas, etc.

❖ Con pasta, tipo lasaña, canelones, fideos a la cazuela, ensalada de pasta, etc.

❖ Con verduras, en estofados, potajes, ensaladas, salteados de verduras, etc.

❖ Hamburguesas, escalopas, croquetas, pastel de legumbres, tortilla de legumbres (sin huevo), etc.

6. ¿Son las legumbres un alimento de invierno?

Es una proteína vegetal que se debe utilizar durante todo el año. Dependiendo de la estación y clima, podremos cocinarlas de formas diferentes. ¿A quién no le apetece cuando hace frío y llueve un buen potaje o cocido de lentejas? ¿O cuando hace calor un paté frío de garbanzos con tiras crujientes de verduras?

7. ¿Por qué cuando como legumbres tengo hambre al cabo de un rato?

Puede ser debido a un sinfín de razones:

❖ Si nuestro cuerpo no está habituado a digerir y absorber la proteína vegetal, se sentirá con hambre en pocas horas.

❖ Si se ha comido poca cantidad de proteína vegetal.

❖ Si no hemos cocinado las legumbres de forma suculenta, nutritiva.

❖ Si no hemos complementado con otros ingredientes: cereales, verduras dulces, hoja verde, semillas, algas… para no tener carencias.

8. ¿Por qué cuando como legumbres quiero frutos secos después de la comida?

❖ Puede que no hayamos cocinado las legumbres de forma suculenta y nutritiva.

❖ También la textura es importante: seca y con densidad. Si tomamos lentejas en una sopa líquida (esto no es comer proteína en la comida principal) o se han cocinado de forma muy húmeda, desearemos alimentos crujientes y secos como los frutos secos.

❖ O si hemos comido poca cantidad, luego deseamos más proteína y grasa en forma de frutos secos.

9. ¿Con qué alimentos no son compatibles las legumbres?

❖ Con otra leguminosa en la misma receta o en la misma comida.

❖ Con tempeh en la misma receta o en la misma comida.

❖ Con excesos de especias y picantes, ya que los dos ingredientes son de naturaleza expansiva y combinados no favorecen la digestión. Producirán gases y flatulencias. Salvo que sean las especias carminativas (anís, hinojo, comino), que favorecen la digestión de las legumbres.

❖ Con cítricos y vinagres.

❖ Con frutas.

❖ Con endulzantes.

10. ¿Con qué alimentos son especialmente compatibles las legumbres?

❖ Primeramente con algas, es fundamental que incluyamos en su cocción un tipo de alga (especialmente alga wakame o alga kombu) para que se complementen, aporten minerales y les ayuden a ablandarse y a cocerse con más facilidad. Una tirita de alga por taza de leguminosa seca/cruda (antes de remojarlas) bastará.

❖ Con cereales integrales, su complemento y digestibilidad es indiscutible. Aparte de proporcionarnos todos los aminoácidos esenciales (proteína completa) que necesita nuestro cuerpo.

❖ Con verduras de todas clases.

❖ También pueden mezclarse con pescado. Tradicionalmente existen muchas recetas en las que se combinan las dos clases de proteínas.

11. Después de cocinarlas, ¿cuánto tiempo duran?

Para ahorrar trabajo, recomiendo cocinar una clase de leguminosa 1 o 2 veces por semana (puede ser un día en el que disfrutemos de más tiempo en casa).

Inmediatamente después de cocinarse, puede almacenarse una parte en un tarro de vidrio hermético, incluyendo el alga, para utilizarse en 2-3 días como máximo.

Con un poco de imaginación podemos confeccionar diferentes platos con las mismas legumbres. Puede que cuando las cocinemos hagamos un estofado con verduras, utilizando otra parte para un paté, unas croquetas o hamburguesas…

12. ¿Es verdad que comiendo legumbres, especialmente la soja, se eliminan los problemas de la menopausia?

Comer productos de soja no ayudará a eliminar problemas en la menopausia si realmente no se hace un cambio total en la forma de alimentarse.

Si observamos por qué las japonesas carecen de problemas en la menopausia o incluso en la menstruación, es por su forma general de alimentarse. Ha sido un pueblo que se ha alimentado hasta hace pocos años de cereales, verduras, algas, proteínas vegetales (tofu, natto) y pescado. No se ha consumido hasta la actualidad grasas saturadas de origen animal ni lácteos, por lo que su herencia a nivel energético es más depurada, sin tantos excesos, sobrepesos ni acumulaciones de grasas y colesterol, lo que repercute directamente en su salud.

Lo más importante, si deseamos mejorar, es empezar a reducir/eliminar lácteos y grasas saturadas de proteína animal de nuestra alimentación diaria. Nos sorprenderemos de sus efectos.

13. ¿Por qué tengo gases después de haber comido legumbres?

❖ Porque no se han cocinado propiamente (*véase* capítulo 6, «Formas de cocción»).

❖ Porque se han mezclado con muchas verduras, especialmente las crucíferas (coles, coliflor, brócoli...), que tienen tendencia a hinchar e inflamar más.

❖ O puede que se mezclen con verduras crudas tipo ensaladas (efecto de hinchar e inflamar más).

❖ O se hayan mezclado con condimentos también con efectos expansivos (especias, vinagres, endulzantes, fruta...).

❖ También hay que masticarlas debidamente.

14. ¿Si como legumbres voy a engordar?

Las legumbres son proteínas vegetales, carentes de grasas saturadas. Su energía no es acumulativa y estática como las carnes, embutidos, huevos y lácteos. Las legumbres no engordan y nos darán la riqueza y nutrición que necesitamos.

15. ¿Es mejor comerlas por el mediodía o por la noche?

Contrariamente a lo que mucha gente piensa, las legumbres son más fáciles de digerir que las proteínas animales. Recomendamos utilizar más proteína vegetal para las cenas, y pescado, si se desea (opcional), a la hora del almuerzo.

Aunque si nuestra cena es muy tardía, sería mejor no tomar ninguna clase de proteína. Tan sólo una crema de verduras o verduras al vapor, ya que no deseamos pasarnos la noche digiriendo. Las horas de sueño son para reparar el sistema nervioso, no para digerir la cena.

16. ¿No son las legumbres una proteína muy pobre? ¿No es necesario complementarlas?

Las legumbres son muy nutritivas si tomamos variedad y cocinadas en formas muy diferentes. Al mismo tiempo, obtenemos variedad con otras fuentes de proteínas vegetales: tofu, tempeh, seitán, semillas y frutos secos.

También sabemos que al comer simultáneamente cereal y legumbres, obtenemos una proteína completa.

17. ¿Cómo debo de conservar las legumbres secas, después de comprarlas?

En botes herméticos de vidrio sería la forma ideal. También podemos incluir una o dos hojas de laurel.

Ingredientes

· 2 tazas de judías blancas (remojadas toda la noche con abundante agua)
· 1 tira de alga kombu
· 2 puerros cortados finos
· 2 zanahorias ralladas
· 1 hoja de laurel
· aceite de oliva
· sal marina
· rebanadas de pan integral
· perejil

Crema de judías blancas con tropezones de pan crujiente

- Lavar las judías, colocarlas en la olla a presión, junto con el alga kombu, el laurel y agua suficiente para cubrir el volumen de los ingredientes.
- Llevarlas a ebullición sin tapa. Retirar todas las pieles que puedan estar en la superficie sueltas. Tapar y cocer a presión durante 1 hora y cuarto.
- Saltear los puerros con aceite de oliva y una pizca de sal durante 5-7 minutos. Añadir las zanahorias, cocer 10 minutos más.
- Añadir las verduras a las judías blancas con una pizca de sal marina, dejar cocer 10-15 más. Retirar el laurel y hacer puré.
- Pincelar las rebanadas de pan con aceite de oliva y hornearlas hasta que estén crujientes. Cortarlas a tropezones/cuadritos.
- Servir la crema con los tropezones y perejil.

Sopa de arroz con garbanzos

3-4 personas

Ingredientes

· 1 taza de garbanzos (remojados toda
la noche con abundante agua)
· ½ tira de alga kombu
· 1 taza de arroz integral ya cocido
· 1 puerro mediano cortado fino
· 1 taza de champiñones cortados
en láminas finas
· ¼ de calabaza pelada y cortada
en cubos
· sal marina
· aceite de oliva
· una pizca de albahaca seca

- Lavar los garbanzos, colocarlos en la olla a presión junto con el alga kombu y agua suficiente para cubrir su volumen, llevar a ebullición sin tapa.
- Retirar todas las pieles que puedan estar en la superficie sueltas. Tapar y cocer a presión durante 1 hora y media. Si al cabo de este tiempo están ya blandos, apagar el fuego.
- Saltear el puerro y los champiñones con un poco de aceite de oliva y una pizca de sal marina, sin tapa, durante 7 minutos. Añadirlos a los garbanzos junto con la calabaza, la albahaca seca y una pizca de sal marina. Tapar y cocer a fuego bajo durante 15-20 minutos.
- Añadir el arroz cocido y rectificar el líquido, añadiendo más agua (si fuera necesario) para obtener la consistencia deseada. Servir.

Ingredientes

· 2 tazas de lentejas rojas partidas
· 1 tira de alga kombu
· 2 cebollas
· 2 zanahorias ralladas
· una pizca de comino en polvo
  (opcional)
· 1 hoja de laurel
· aceite de oliva
· sal marina
· perejil fresco

Crema de lentejas rojas

- En una cazuela, pochar las cebollas con un poco de aceite y una pizca de sal, durante 10 minutos.
- Añadir las lentejas lavadas y escurridas, las zanahorias ralladas, el laurel, el alga kombu y el comino, cubrir con agua.
- Llevar a ebullición, tapar y cocer a fuego suave 45-50 minutos o hasta que las lentejas estén blandas, condimentar con una pizca de sal y rectificar el agua si es necesario (dependiendo de la consistencia deseada), aunque tiene que quedar consistencia espesa, y dejar cocer unos minutos más.
- Trocear el alga kombu e integrarla a la crema.
- Si deseamos una textura muy fina, se puede pasar por la batidora (siempre quitando previamente el laurel).
- Servir con el perejil fresco picado fino.

Crema de boniato con castañas

- Tirar el agua del remojo de las castañas. Colocarlas en una cazuela u olla presión con el alga kombu y agua que cubra la mitad de su volumen. Llevar a ebullición y cocinar 45 minutos. Condimentarlas con una pizca de sal y cocinar 10 minutos más, sin tapa, hasta que el exceso de líquido se haya evaporado. Reservar.
- Saltear las cebollas con el aceite de oliva, la canela en rama y una pizca de sal marina, a fuego medio-bajo, sin tapa, durante 10-12 minutos.
- Añadir los boniatos y agua que cubra la mitad del volumen de las verduras. Tapar y cocer a fuego medio durante 20 minutos.
- Retirar el laurel y hacer puré hasta conseguir una consistencia cremosa.
- Añadirle las castañas cocidas y servir. Decorar con perejil.

2-3 personas

Ingredientes

· 2 cebollas cortadas finas a medias lunas
· 3 boniatos medianos (pelados y troceados)
· 2 c.s. de aceite de oliva
· canela en rama
· sal marina
· 1 taza de castañas secas pilongas (remojadas toda la noche con abundante agua)
· ½ tira de alga kombu
· perejil

Ingredientes

· ½ kg de garbanzos cocidos
· cilantro picado fino
· 2 zanahorias ralladas finas y bien escurridas
· 2 c.s. de aceitunas sin hueso troceadas
· ½ taza de semillas de sésamo

Croquetas frías de garbanzos al sésamo

- Calentar los garbanzos cocidos con un mínimo de agua durante 5 minutos. Escurrirlos y hacerlos puré completamente (tiene que quedar una masa muy seca).
- Añadir al puré la zanahoria rallada y escurrida, las aceitunas y el cilantro picado.
- Mezclar bien y dejar enfriar completamente.
- Lavar, escurrir y secar en una sartén las semillas de sésamo ligeramente, hasta que estén huecas y crujientes, pero manteniendo un color claro. Dejar enfriar.
- Coger un poco de la pasta fría de garbanzos, formar una croqueta y rebozarla con las semillas de sésamo. Servir.

Ingredientes

· 1 taza de azukis (remojados durante toda la noche con abundante agua)
· 1 tira de alga kombu
· 2 cebollas cortadas finas
· 3 c.s. de anacardos troceados y ligeramente tostados
· aceite
· 1 c.p. de genmai miso
· 1 c.p. de mantequilla de sésamo
· 1 hoja de laurel
· cilantro fresco
· una pizca de sal marina

Albóndigas de azukis

- Escurrir los azukis remojados toda la noche (tirar el agua de remojo), colocarlos en la olla a presión, junto con el alga kombu, el laurel y agua que cubra su volumen.
- Llevar a ebullición sin tapa y espumar unos minutos. Luego llevar a presión y cocinar a fuego bajo durante 1 hora / 1 hora y cuarto.
- Dejar que la presión baje, y si los azukis están bien blandos, condimentar con el genmai miso. Dejar cocinar a fuego bajo (sin hervir) 5 minutos.
- Retirar el laurel, y añadirle la mantequilla de sésamo. Hacer puré.
- Pochar las cebollas con un poco de aceite y una pizca de sal, sin tapa, durante 10-12 minutos hasta que estén transparentes.
- Añadir las cebollas a los azukis, mezclar bien junto con los anacardos y el cilantro fresco picado fino. Dejar enfriar unos minutos.
- Colocar en un molde de horno papel vegetal y pincelarlo con un poco de aceite de oliva.
- Hacer albóndigas con la masa de los azukis. Colocarlas encima del papel vegetal. Hornear durante 25-30 minutos. Servir.

Lasaña de lentejas

4-5 personas

Ingredientes

· 1 paquete de lasaña
· 1 taza de lentejas de Puy o pardinas
· 1 tira de alga wakame (remojar 5 minutos, escurrir y cortar)
· 2 cebollas (cortadas en cuadritos pequeños)
· 2 zanahorias (ralladas)
· 1/3 de hinojo cortado fino
· 3 tomates maduros (cortados por la mitad y rallados)
· sal
· ½ c.c. albahaca seca
· perejil
· tamari (opcional)
· aceite de oliva

Bechamel:

· 2 cebollas
· ½ coliflor
· aceite de oliva
· sal marina
· nuez moscada
· leche de arroz
· polvo de almendras para gratinar

- Lavar las lentejas y ponerlas a hervir en agua que sólo cubra su volumen. Cuando llegue a ebullición tirar en agua y añadir de nuevo agua caliente que tan sólo las cubra. Añadir el wakame, cocer a fuego lento, tapado durante 45-50 minutos.
- Pochar las cebollas y los tomates rallados con un poco de aceite, una pizca de sal y albahaca seca durante 10 minutos. Añadir la zanahoria rallada y el hinojo, remover y cocer tapado durante 15-20 minutos.
- Añadir las lentejas cocidas y una pizca de sal. Cocer a fuego lento hasta que todo el líquido se haya evaporado y quede una masa seca. Si fuera necesario, añadir unas gotas de tamari al gusto (opcional).
- Cocer las láminas de lasaña con abundante agua hirviendo, una pizca de sal marina y sin tapa. Mirar el tiempo de cocido en el paquete. Retirar, lavar con agua fría y escurrir. Dejarlas encima de un trapo de cocina humedecido.
- Confeccionar una salsa bechamel bien espesa.
- Pincelar una bandeja con un poco de aceite de oliva, añadir una capa de lasaña, luego el relleno y un poco de bechamel. Seguir añadiendo capas, terminando con lasaña y bechamel. Espolvorear con almendra rallada y hornear durante 15 minutos, hasta que la superficie este gratinada y dorada. Servir caliente.

Bechamel:

- Sofreír las cebollas con el aceite y una pizca de sal marina durante 10-12 minutos.
- Añadir la coliflor, agua que cubra un tercio del volumen de las verduras, otra pizca de sal marina y nuez moscada al gusto.
- Tapar y cocer a fuego medio bajo durante 15-20 minutos. Hacer puré. Equilibrar su espesor y gusto añadiendo leche de arroz y más nuez moscada al gusto.

Paella de verduras con garbanzos

3-4 personas

Ingredientes

· 1 taza de arroz integral basmati
· 1 taza de garbanzos (remojados toda la noche con abundante agua)
· 1 tira de alga kombu
· 1 puerro cortado fino
· 2 calabacines cortados en rodajas finas
· 2 zanahorias cortadas en cuadritos
· 1 pimiento rojo (lavado, asado, pelado y cortado en trozos)
· aceite de oliva
· sal marina
· perejil cortado
· azafrán o cúrcuma

- Lavar los garbanzos, colocarlos en la olla a presión junto con el alga kombu y agua que cubra su volumen, llevarlos a ebullición sin tapa. Retirar todas las pieles que puedan estar en la superficie sueltas. Tapar y cocer a presión durante 1 hora y media.
- Si al cabo de este tiempo están ya blandos, condimentarlos con una pizca de sal marina y cocerlos 10 minutos más sin tapa para reducir el líquido (si hubiera mucho). Apagar el fuego.
- Lavar el arroz, colocarlo en una cazuela junto con las 2 tazas de agua, azafrán o cúrcuma y una pizca de sal. Tapar y cocer a fuego medio/bajo durante 35-40 minutos.
- En una cazuela grande saltear el puerro con un poco de aceite, sin tapa y una pizca de sal durante 10 minutos. Añadir las zanahorias y los calabacines. Tapar y cocer 10 minutos.
- Añadir al salteado el arroz cocido y los garbanzos. Mezclar bien. Decorar con el pimiento rojo y el perejil y servir.

Ingredientes

· 1 taza de lentejas rojas
· 1 tira de alga kombu troceada
· 2 cebollas (cortadas en cuadritos pequeños)
· sal
· aceite
· 1 hoja de laurel
· unas gotas de tamari

Tortilla de lentejas rojas a la paisana

- Lavar las lentejas rojas y colocarlas en la cazuela con el alga, 1 hoja de laurel y 2 tazas de agua.
- Llevar a ebullición, reducir el fuego al mínimo.
- Tapar y cocinar hasta que estén totalmente deshechas y cocidas (aprox. 40 minutos). Si hubiera mucho líquido, dejar cocinar sin tapa los últimos minutos, hasta obtener una consistencia tipo paté espeso.
- Pochar las cebollas con una pizca de sal durante 10 minutos sin tapa, a fuego medio/bajo en una sartén.
- Añadir a las cebollas la masa espesa de las lentejas rojas (retirar el laurel) y condimentar con unas gotas de tamari al gusto. Con la ayuda de una espátula de madera hacer la forma de una tortilla, dejar tostar por un lado, darle la vuelta y tostar por el otro. Dejar enfriar y servir.

Hamburguesas de judías pintas

2-4 personas

Ingredientes

· 2 tazas de judías pintas (remojadas toda la noche con abundante agua)
· 1 taza de quinoa
· 2 cebollas cortadas en cuadritos
· 2 zanahorias ralladas finas
· ½ taza de semillas de calabaza ligeramente secadas
· 1 hoja de laurel
· aceite
· sal
· unas gotas de tamari
· cilantro picado fino

- Lavar las judías pintas, colocarlas en la olla a presión, junto con el alga kombu y el laurel. Cubrirlas totalmente de agua fresca, llevarlas a ebullición sin tapa. Retirar todas las pieles que puedan estar en la superficie sueltas. Tapar y cocer a presión durante 1 hora y cuarto.

- Si al cabo de este tiempo están ya blandas, condimentarlas con una pizca de sal marina y cocerlas 10 minutos más sin tapa para reducir el líquido (si hubiera mucho). Apagar el fuego. Retirar el laurel y pasar un poco por la batidora para obtener una masa muy espesa (no tienen que estar todas hechas puré, sólo un 50-60 %).

- Lavar la quinoa varias veces. Colocarla en una cazuela con 2 tazas de agua y pizca de sal. Tapar, llevar a ebullición, reducir al mínimo y cocinar 20 minutos.

- Pochar la cebolla con aceite y una pizca de sal unos 10 minutos, sin tapa, a fuego medio/bajo.

- Añadir las zanahorias, tapar y cocinar 15 minutos más.

- Añadir las judías pintas, la quinoa cocinada, las semillas de calabaza, el cilantro fresco y unas gotas de tamari.

- Elaborar hamburguesas con las manos y prensarlas bien.

- Se pueden pasar por la plancha u hornear unos minutos (20 minutos) si estuvieran un poco húmedas (pinceladas con un poco de aceite).

Ingredientes

Crepes:

· 1 taza de trigo sarraceno (grano entero)
· 1 taza de leche de cereales
· 1 taza agua
· una pizca de albahaca seca
· una pizca de sal
· aceite de oliva

Relleno:

· 2 tazas de garbanzos (remojados toda la noche con abundante agua)
· 1 tira de alga kombu
· 2 cebollas (cortadas en medias lunas)
· 2 zanahorias (cortadas en rodajas)
· 1 calabacín (cortado en rodajas)
· pimiento rojo asado y troceado
· aceite de oliva
· sal marina
· 1/3 de ajo picado fino
· perejil fresco

Crepes de trigo sarraceno con garbanzos al pisto

- Lavar el trigo sarraceno y añadirle las dos tazas de líquido, una pizca de sal y albahaca. Dejar remojar 1-2 horas. Batir hasta obtener una consistencia homogénea.
- Calentar una sartén antiadherente, pincelar con un poco de aceite y verter 1/3 de cucharón de líquido de crepes. Mover bien la sartén, hasta que se extienda todo el líquido por el fondo. Dejar varios minutos hasta que se empiece a desprender por los lados. Darle la vuelta con cuidado y cocinar 2-3 minutos más.
- Lavar los garbanzos, colocarlos en la olla a presión, junto con el alga kombu y agua que cubra su volumen, llevarlos a ebullición sin tapa. Retirar todas las pieles que puedan estar en la superficie sueltas. Tapar y cocer a presión durante 1 hora y media.
- Si al cabo de este tiempo están ya blandos, condimentarlos con una pizca de sal marina y cocerlos 10 minutos más sin tapa para reducir el líquido (si hubiera mucho). Apagar el fuego.
- Pochar las cebollas y un toque de ajo, con un poco de aceite y una pizca de sal durante 10 minutos sin tapa a fuego medio/bajo.
- Añadirle las zanahorias, el calabacín y el pimiento rojo, tapar y cocinar 15 minutos más. Si se cocina a fuego bajo, no se tendría que añadir líquido, ya que el calabacín desprenderá su jugo.
- Añadir a las verduras salteadas los garbanzos cocinados y mezclar bien.
- Servir con las crepes y un toque de perejil fresco.

Ingredientes

· 1 taza de lentejas
· 1 tira de kombu
· 2 cebollas cortadas finas
· 2 ramas de apio cortado en cuadritos
· 1 zanahoria rallada
· 1 taza de champiñones en láminas finas
· ½ taza de semillas de girasol tostadas
· aceite
· 1 c.p. de genmai miso
· hierbas aromáticas secas (tomillo, albahaca)
· pizca de sal marina

Pastel de lentejas

- Cocer las lentejas lavadas con el alga kombu (con agua que cubra su volumen) y las hierbas aromáticas secas. Cocer a fuego medio o bajo durante una hora. Cuando las lentejas están bien cocidas y blandas, añadir una cucharada de postre de miso, mezclar bien y hacer puré.

- Pochar las cebollas, los champiñones y una pizca de sal durante 10 minutos, añadir la zanahoria rallada y el apio. Saltear unos 5-7 minutos más. Añadir las verduras salteadas a las lentejas, mezclar bien junto con las semillas de girasol (reservar algunas).

- Untar un molde para el horno con un poco de aceite. Colocar un fondo de semillas de girasol tostadas y seguidamente la mezcla de lentejas y verduras. Hornear durante 30 minutos.

- Dejar enfriar un poco antes de desmoldar. Servir con el perejil.

Cocido de lentejas beluga con tofu frito

2-3 personas

Ingredientes

Crepes:
· 1 taza de lentejas beluga
· ½ bloque de tofu ahumado cortado en cubos pequeños
· 2 cebollas y 2 zanahorias cortadas en cuadritos pequeños
· ½ hinojo cortado fino
· ½ tira del alga kombu
· tomillo al gusto
· cebollino fresco cortado fino
· sal marina
· 1 c.p. de genmai miso
· aceite de oliva

- Pochar las cebollas con una cucharada de aceite y una pizca de sal marina, con llama media/baja y sin tapa durante 10 minutos.
- Lavar las lentejas y añadirlas, junto con el alga kombu, las zanahorias y el hinojo. Añadir agua, hasta cubrir el volumen de los ingredientes, y el tomillo. Tapar, llevar a ebullición y cocer a fuego lento durante 45-50 minutos, añadiendo más agua si fuera necesario.
- Hacer a la plancha los taquitos de tofu ahumado durante unos minutos, hasta que estén bastante crujientes y dorados.
- Cuando las lentejas estén blandas y cocidas completamente, añadir el tofu frito.
- Diluir el genmai miso con un poco de jugo de las lentejas y añadirlo, cocer 1-2 minutos más (sin hervir). Su consistencia tiene que ser espesa. Servir con cebollinos cortados.

Ingredientes

· 1 taza de azukis (remojados toda
  la noche con abundante agua)
· 1 tira de alga kombu
· 2 cebollas cortadas en cuartos
· 1/3 de calabaza dulce pelada
  y cortada en cubos
· 1 ramita de romero fresco
· 2 c.s. de aceite de oliva
· sal marina
· 1 c.p. de genmai miso
· perejil cortado fino

Estofado de azukis con romero

- Pochar las cebollas con el aceite y una pizca de sal marina, sin tapa, durante 10 minutos y a fuego medio/bajo.

- Añadir los azukis bien escurridos (tirar el agua del remojo), el alga kombu, la calabaza, el romero y agua fresca que cubra todos los ingredientes.

- Llevar a ebullición, retirar con una espumadera las pieles de los azukis que pudieran aparecer en la superficie.

- Tapar y cocer a fuego medio/lento hasta que los azukis estén completamente blandos, como mínimo 1 hora y cuarto. Se puede utilizar la olla a presión para reducir su tiempo de cocción.

- Añadir el miso a los azukis y cocer a fuego mínimo durante 5-10 minutos (sin hervir). Servir con el perejil fresco.

Cocido de alubias blancas con seitán

3-4 personas

Ingredientes

- · 2 tazas de alubias blancas (remojadas toda la noche con abundante agua)
- · 1 tira de alga kombu
- · 1 paquete de seitán cortado en cubos
- · 2 cebollas cortadas finas
- · 1 pimiento verde (lavado, asado, pelado y cortado en cuadrados)
- · 4 zanahorias cortadas (método rodado)
- · 2 hojas de laurel
- · tomillo
- · aceite de oliva
- · sal marina
- · tamari

- Lavar las alubias, colocarlas en la olla a presión, junto con el alga kombu y el laurel. Cubrirlas de agua fresca, llevarlas a ebullición sin tapa.

- Retirar todas las pieles que puedan estar en la superficie sueltas. Tapar y cocer a presión durante 1 hora y cuarto. Si al cabo de este tiempo están tiernas y cremosas, apagar el fuego, si todavía estuvieran duras, cocinar de nuevo.

- Pochar las cebollas con un poco de aceite y una pizca de sal, sin tapa, durante 10-12 minutos a fuego medio/bajo.

- Cuando las judías estén completamente blandas, añadir las cebollas pochadas, el resto de las verduras, el tomillo y una pizca de sal marina. Tapar y cocer a fuego medio/bajo durante 20 minutos.

- Hacer el seitán a la plancha con un poco de aceite de oliva y unas gotas de tamari, hasta que esté crujiente. Añadirlo al estofado. Servir.

Ingredientes

· 2 tazas de castañas pilongas secas
 (sin piel, remojadas toda la noche
 con abundante agua)

· 1 tira de alga kombu

· 1/3 de calabaza dulce cortada
 en cubos medianos

· 10 cebollitas pequeñas peladas
 enteras

· 2 boniatos pelados y troceados
 en cubos medianos

· aceite de oliva

· sal marina

· 1/2 rama de canela

· perejil crudo

· 2 c.s. de avellanas tostadas troceadas

Estofado de verduras dulces
con castañas

- Colocar las castañas en una cazuela o en la olla a presión junto
 con el alga kombu y agua fresca que las cubra y cocer hasta que
 las castañas estén completamente blandas (aprox. 45 minutos a
 presión o 1 hora en olla de fondo grueso), condimentarlas con
 una pizca de sal marina y cocinarlas 10 minutos más. Si todavía
 quedara exceso de líquido, cocer sin tapa hasta evaporarlo.

- Saltear las cebollitas con un poco de aceite de oliva y una pizca
 de sal rápidamente, añadir el resto de las verduras, la canela y un
 fondo de agua. Tapar y cocinar durante 20-30 minutos. (al final
 de la cocción tendría que quedar muy poco liquido)

- Añadir las castañas cocidas, mezclar con cuidado y servir con el
 perejil y las avellanas.

Ensalada de hinojo con garbanzos

2-4 personas

Ingredientes

· 1 hinojo fresco cortado en rodajas finas
· 2 tazas de garbanzos (remojados toda la noche con abundante agua)
· 1 tira de alga kombu
· 1 hoja de laurel
· 3 zanahorias cortadas en tiras finas
· 2 cebollas cortadas en láminas finas
· ½ taza de olivas negras
· hojas de lechuga rizada
· cebollino crudo cortado fino
· sal marina
· aceite de oliva
· 2 c.s. de semillas de calabaza (opcional) ligeramente secadas

- Lavar los garbanzos, colocarlos en la olla a presión junto con el alga kombu y el laurel. Cubrirlos totalmente de agua fresca, llevarlos a ebullición sin tapa. Retirar todas las pieles que puedan estar en la superficie sueltas.

- Tapar y cocer a presión durante 1 hora y media. Si al cabo de este tiempo todavía estuvieran duros, cocinar de nuevo. Si están blandos, condimentarlos con una pizca de sal marina y dejarlos cocinar unos 10 minutos más sin tapa, para que el líquido se evapore.

- Saltear las cebollas con un poco de aceite de oliva y una pizca de sal marina, sin tapa y con fuego medio/bajo durante 10 minutos. Añadir las zanahorias y el hinojo, saltear unos 7-10 minutos más.

- Añadirle los garbanzos ya cocidos y blandos (sin nada de líquido, si todavía hubiera) y también el alga kombu troceada. Mezclar bien y dejar enfriar un poco.

- Colocar una capa de lechuga rizada en un recipiente para servir. Colocar encima la mezcla de garbanzos y verduras junto con las olivas negras, los cebollinos y las semillas. Servir.

Ingredientes

· 2 tazas de castañas pilongas secas
  (sin piel, remojadas toda la noche
  con abundante agua)
· 1 tira de alga kombu
· 2 chirivías y 3 zanahorias
  (peladas y cortadas a lo largo
  por la mitad y luego a tiras
  de grosor medio)
· aceite de oliva
· 2 c.s. nueces troceadas

Aliño:

· 1 c.s. de tamari
· 2 c.s. de jugo concentrado
  de manzana

Crujiente de verduras caramelizadas con castañas

- Colocar las castañas en una cazuela o en la olla a presión, junto con el alga kombu y agua fresca que las cubra. Llevar a ebullición.
- Tapar y cocer hasta que las castañas estén completamente blandas (aprox. 45 minutos a presión o 1 hora en olla de fondo grueso), condimentarlas con una pizca de sal marina y cocinarlas 10 minutos más. Si todavía quedara exceso de líquido, cocer sin tapa hasta evaporarlo.
- Cocinar las verduras al vapor, hasta que estén blandas (aprox. 10-12 minutos). Reservar.
- En una sartén con un poco de aceite, saltear las verduras (con cuidado que no se rompan) hasta que estén doradas por todos lados, pincelarlas con el aliño, dejar caramelizar.
- Añadir las castañas y las nueces y servir.

Ensalada de pasta con judías pintas

- Lavar las alubias y colocarlas en la olla a presión junto con el alga kombu. Cubrirlas totalmente de agua fresca, llevarlas a ebullición sin tapa. Retirar todas las pieles que puedan estar en la superficie sueltas. Tapar y cocer a presión durante 1 hora y cuarto.

- Si al cabo de este tiempo están ya blandas, condimentarlas con una pizca de sal marina y cocerlas 10 minutos más sin tapa para que se evapore el líquido restante. Apagar el fuego. Escurrirlas si hubiera mucho líquido.

- Cocinar la pasta con abundante agua hirviendo y una pizca de sal marina. Lavarla con agua fría y escurrirla.

- Hervir las zanahorias durante 4 minutos y los espárragos o judías verdes durante 3 minutos. Lavar con agua fría y escurrir.

- En un recipiente para servir, mezclar las alubias cocidas con la pasta, las verduras y albahaca fresca. Verter el aliño justo antes de servir.

2-3 personas

Ingredientes

- 1 taza de alubias pintas (remojadas toda la noche con abundante agua)
- 1 tira de alga kombu
- 1 taza de pasta integral
- 1 manojo de espárragos o un puñado de judías verdes troceadas
- 2 zanahorias cortadas en rodajas finas
- sal marina
- albahaca fresca

Aliño:

- 2 c.s. de mantequilla de sésamo (tahini)
- 1 c.p. de pasta de umeboshi
- 2 c.s. de jugo concentrado de manzana
- 1 c.s. de miso blanco
- 3 c.s. agua caliente (para emulsionar el aliño)

Ingredientes

- · 2 tazas de lentejas (remojadas varias horas con 4 tazas de agua)
- · 1 tira de alga kombu
- · ½ c.c. semillas de hinojo o comino en polvo
- · medio pepino cortado en cubos pequeños
- · 6 rabanitos cortados en cuartos
- · 2 zanahorias cortadas en rodajas finas
- · ½ taza de maíz
- · 3 c.s. de aceitunas sin hueso
- · un manojo de canónigos y/o germinados de alfalfa
- · sal marina
- · vinagre de umeboshi

Aliño:

- · 2 c.s. de aceite de oliva
- · 1 c.p. de aceite de sésamo tostado
- · 2 c.s. de vinagre de umeboshi
- · 1 c.p. jugo concentrado de manzana

Ensalada veraniega de lentejas

- • Cocer las lentejas con las semillas de hinojo o el comino, el alga kombu y agua suficiente para cubrir el volumen de los ingredientes. Tapar y cocer a fuego medio/bajo, durante 1 hora como mínimo. Cuando estén bien blandas, añadir una pizca de sal marina y cocer 10 minutos más.

- • Hervir las zanahorias y el maíz, durante 2-3 minutos con una pizca de sal marina. Lavar con agua fría y escurrir.

- • Escaldar los rabanitos unos segundos y añadirles unas gotas de vinagre de umeboshi para preservar su color rosado. Dejar macerar con el vinagre hasta que estén fríos.

- • En un recipiente para servir, colocar las lentejas cocidas, el resto de las verduras, las aceitunas y los canónigos y/o germinados.

- • Hacer el aliño y verterlo encima de la ensalada antes de servirla.

BOCADILLOS CON LEGUMBRES
❖ Con paté de lentejas

Ingredientes

· 1 taza de lentejas lavadas
  y remojadas unas horas
  (aunque no es necesario)
· 1 tira de alga kombu
· 2 cebollas cortadas finas
· 1/3 de diente de ajo picado
· 1 zanahoria rallada fina
· 1 c.p. de albahaca seca
· sal marina
· aceite
· 1 c.p. de genmai miso
· albahaca fresca o perejil cortado fino

- Pochar las cebollas y el ajo con un poco de aceite de oliva y una pizca de sal marina durante 10 minutos y sin tapa.
- Añadir la zanahoria y la albahaca seca. Tapar y cocinar a fuego medio/bajo durante 10-15 minutos más.
- Añadir las lentejas, el alga kombu y agua suficiente para cubrir el volumen de los ingredientes. Llevar a ebullición y espumar si fuera necesario.
- Tapar y cocer a presión (45 minutos) o en olla de fondo grueso durante 1 hora.
- Cuando las lentejas estén bien cocidas y blandas dejar que todo el líquido se evapore, hasta conseguir una masa espesa. Condimentar con el miso.
- Mezclar bien. Podemos pasarlo por la batidora para obtener una consistencia homogénea de paté. Añadir la albahaca fresca y servir.

Ingredientes

· 2-3 tazas de lentejas cocidas
· 1 taza de arroz integral cocido
· 3 cebollas y 2 zanahorias cortadas en cuadritos pequeños
· 3 c.s. de semillas de girasol lavadas y ligeramente secadas
· aceite
· sal
· salsa de soja
· cilantro fresco picado fino

❖ Hamburguesas de lentejas

- Pochar la cebolla con aceite y sal unos 10 minutos, sin tapa, a fuego medio/bajo.
- Añadir las zanahorias, tapar y cocinar 10 minutos más.
- Añadir las lentejas, cocinar unos minutos, hasta que quede una masa seca.
- Incorporar el arroz y las semillas de girasol, mezclar bien y rectificar con salsa soja/tamari en caso necesario. Mezclar un poco de cilantro fresco.
- Elaborar hamburguesas con las manos , prensarlas bien y pasar por la plancha con una pizca de aceite, hasta que estén doradas, o se pueden secar un poco más en el horno durante 20 minutos (pinceladas con un poco de aceite).

Ingredientes

· 2 tazas de garbanzos (remojados toda la noche con abundante agua)
· 1 tira de alga kombu
· sal marina
· 2 c.s. de tahini de color claro (mantequilla de sésamo sin tostar)
· 1 c.s. de aceite de oliva
· una pizca de comino en polvo
· 1 c.p. de pasta de umeboshi
· unas gotas de zumo de limón (opcional)
· pan de pita

❖ Pan de pita con hummus

- Lavar los garbanzos y colocarlos en la olla a presión junto con el alga kombu. Cubrirlos totalmente de agua fresca, llevarlos a ebullición sin tapa. Retirar todas las pieles que puedan estar en la superficie sueltas.

- Tapar y cocer a presión durante 1 hora y media. Si al cabo de este tiempo están ya blandos y cremosos, añadir una pizca de sal marina y cocinarlos de nuevo 10 minutos. Si no estuvieran blandos, cocinarlos un poco más antes de condimentarlos con la sal.

- Si hubiera mucho líquido de cocerlos, retirar un poco y añadir los demás ingredientes para el paté, hacer puré hasta conseguir una consistencia cremosa y espesa. Dejar enfriar.

Trufas de castañas y coco

- Colocar las castañas en una cazuela o en la olla a presión junto con el alga kombu y agua fresca que las cubra. Llevar a ebullición, retirar las pieles que pudieran aparecer en la superficie.

- Tapar y cocer hasta que las castañas estén completamente blandas (aprox. 45 minutos a presión o 1 hora en olla de fondo grueso), condimentarlas con una pizca de sal marina y cocinarlas 10 minutos más hasta que todo el exceso de líquido de haya evaporado por completo. Hacer puré.

- Mezclar las avellanas troceadas y la ralladura.

- Con una mano húmeda, hacer pequeñas bolas con el puré de castañas. Rebozarlas con la otra mano con coco rallado. Dejar enfriar un poco y servir.

4-5 personas

Ingredientes

- 2 tazas de castañas secas pilongas (remojadas toda la noche con abundante agua)
- 1 tira de alga kombu
- una pizca de sal marina
- $^1/_3$ de taza de avellanas tostadas y troceadas
- 1 c.s. de ralladura de naranja
- coco rallado

Ingredientes

· 1 ½ tazas de castañas secas pilongas
  (remojadas toda la noche con
  abundante agua)
· 1 tira de alga kombu
· una pizca de sal marina
· ⅓ de taza de pasas de corinto
· 1 vaina de vainilla cortada
  por la mitad a lo largo
· 3 c.s. de polvo de almendras
· 1 c.s. de ralladura de naranja

Mousse de castañas a la vainilla

- Colocar las castañas en una cazuela o en la olla a presión junto con el alga kombu, las pasas, la vainilla y agua fresca que las cubra. Llevar a ebullición, retirar las pieles que pudieran aparecer en la superficie.
- Tapar y cocer hasta que las castañas estén completamente blandas (aprox. 45 minutos a presión o 1 hora en olla de fondo grueso), condimentarlas con una pizca de sal marina y cocinarlas 10 minutos más.
- Con la ayuda de un cuchillo pequeño, rascar el interior de la vaina de vainilla y mezcarlo con las castañas. Retirar la vaina.
- Hacer completamente puré las castañas con las pasas. Añadir el polvo de almendras y la ralladura. Rectificar la consistencia, añadir más agua si fuera necesario para conseguir una textura de mousse. Dejar enfriar unas horas y servir. Al enfriarse, la consistencia espesará.

Capítulo 7

El tofu

Formas básicas de cocción

Existen en el mercado muchas clases de tofu: fresco, ahumado, a las finas hierbas, etc. Tenemos que investigar y preguntar cuáles están todavía crudos. Normalmente el único tofu que podríamos consumir directamente del paquete sin cocinar sería el tofu ahumado.

Es imprescindible que el tofu fresco/crudo siempre se cocine antes de su consumo.

Existen muchas formas de cocción: hervido, estofado, salteado, al horno, frito, rebozado, etc. Cada una nos ofrecerá un resultado energético, un sabor y una textura diferentes.

Forma de precocción estándar del tofu crudo

❖ Cortar el bloque de tofu fresco en 4 trozos, cubrirlo de agua (aprox. 1 ½ tazas de agua), añadir una tira de alga kombu o wakame y 1-2 cucharadas soperas de salsa de soja o tamari. Podemos también utilizar una hoja de laurel o una rodaja fina de jengibre fresco.

❖ Tapar y cocer durante 15-20 minutos. Después de esta cocción, podemos ya hacerlo a la plancha, salteado, frito, etc.

Es especialmente recomendable la cocción del tofu fresco con alga (minerales) para facilitar su equilibrio energético, absorción y asimilación. Podemos usar otras variedades de algas para cocinarlo, tales como arame, dulse, nori, espagueti de mar…

Si preferimos cocinar el tofu en una cocción más larga, como horno, papillote, quiche, tartas, estofado, braseado, etc., no hace falta hacer la precocción estándar.

Recomendamos tan sólo dos formas de utilizar el tofu crudo sin cocción/sin llama:

❖ Macerado durante varias horas (mínimo 3-4 horas), con salsa de soja o tamari, hierbas aromáticas secas y frescas, aceite…

❖ Queso de tofu, el bloque se corta por la mitad, se cubre completamente con miso (genmai miso) y se deja que absorba las cualidades del miso durante 20-24 horas en el frigorífico. Seguidamente se retira el miso, que puede utilizarse para hacer más queso de tofu, y ya está listo para consumir.

Si cocinamos durante largo tiempo el tofu, su textura se hará densa y no podremos obtener la cremosidad que posee la mayonesa (*véase* receta pág 151). Sugerimos cocinarlo únicamente para este caso brevemente, hervido durante 5-7 minutos con tan sólo agua, e inmediatamente hacerlo puré con los aderezos necesarios (*véase* apartado de recetas).

Sus efectos energéticos

Sus efectos energéticos en crudo son: enfriar/helar/dispersar/distender la energía. Por lo que recomendamos cocinarlo siempre, especialmente en estaciones húmedas y frías o para personas débiles, con falta de peso, carencia de minerales, con frío, depresivas, con problemas digestivos…

No es recomendable utilizar el tofu en postres ni mezclado con frutas frescas o secas, endulzantes o exceso de especias. Estas combinaciones carecen totalmente de equilibrio energético y producirán problemas digestivos tanto a corto como a largo plazo.

Incluyendo tofu

Su delicado sabor combina muy bien con alimentos y aderezos más fuertes, ya que absorbe el sabor de los ingredientes que lo acompañan. Podemos usarlo en:

- ❖ Sopas, cremas de verduras, potajes: cocinado a trozos, desmenuzado, frito tipo tropezones, en cuadritos (para sopas de verduras), utilizado para el caldo tradicional (pelota), etc.
- ❖ Con platos de cereales o pasta integrales: tipo paella, ensaladilla, fideuá, lasaña, pizzas, empanadas, crepes, canelones, ensaladas de cereales o pasta…
- ❖ Con otras proteínas vegetales: en brochetas, albóndigas, croquetas, escalopas, libritos, en estofados, hamburguesas, guisos…
- ❖ Con pescado: en paellas, brochetas, quiches, buñuelos…
- ❖ Con algas: es particularmente beneficiosa su combinación.
- ❖ Con verduras: sea en cocciones como quiches, revoltillos, cocidos, estofados, papillote, salteados largos y woks o en ensaladas, siempre que el tofu esté cocido o ahumado.
- ❖ En bocadillos, *véase* el apartado de recetas.
- ❖ También en: patés, salsas, cremas, mayonesas, queso de tofu…

Platos fáciles recomendados

A continuación mencionamos algunos platos fáciles de confeccionar, para personas principiantes que deseen integrar las proteínas vegetales en su alimentación diaria. Estas sugerencias las encontraréis en el apartado de recetas de cada una de las proteínas vegetales.

Sugiero empezar con recetas simples, y poco a poco practicar todas las del libro. Seguro que a cada cual, de acuerdo con sus gustos personales y únicos, le favorecerán más unas que otras. Cuando ya tengamos soltura manejando y utilizando las proteínas vegetales, podremos integrar recetas tradicionales que en nuestra familia se utilizaban y no deseamos olvidar. Al conocer la textura y versatilidad de cada proteína vegetal, podremos escoger la más indicada para aquella receta tan casera que puede nuestra madre, o abuela o tía nos hiciera en aquel día tan especial.

¡Os animo a practicar y a experimentar! Tan sólo recordaros que al utilizar proteínas vegetales, la cantidad de aliños y condimentos se reducirá a una cantidad más sutil y moderada. No hace falta utilizar tanto aceite, o sal o especias. Y con ello, podremos apreciar con más sensibilidad los sabores naturales de los ingredientes que utilizamos, sin necesidad de enmascararlos con gustos y efectos energéticos extremos.

Algunas recetas fáciles en este libro, para empezar a conocer el tofu:

- **Ensalada de pasta y tofu con vinagreta de nueces**
- **Revoltillo de tofu y calabaza**
- **Tofu braseado**
- **Pizza de tofu con verduras**
- **Brócoli con crema de piñones**
- **Estofado con tofu**
- **Quiche de espárragos con champiñones**
- **Wok rápido de verduras, tofu y arame**
- **Paté de algas y tofu**
- **Bocadillos con tofu**

Preguntas

1. ¿Cuántas veces a la semana puedo comer tofu?

Podemos comer tofu cocinado muy bien 1-3 veces a la semana.

2. ¿Es difícil de digerir?

El tofu es una de las proteínas más fáciles de digerir, aunque debe entenderse bien su efecto energético y cocinarse apropiadamente. Si se come crudo, o poco cocinado, puede producir problemas de digestión (para personas con debilidad en estos órganos, tales como gases, diarrea, hinchazón de estómago e intestinos, etc.).

3. ¿Qué efectos energéticos tiene el tofu crudo?

Tiene un efecto de expansión, distensión, de enfriar, diluir en exceso, incluso desmineralizar. Su efecto energético (en crudo) puede identificarse incluso al efecto producido por el hielo. Por esto es tan importante aplicarle calor, fuego, por medio de los estilos de cocción.

Personas con frío interior, tendencia a la depresión, débiles, anémicas, con problemas digestivos, etc., tendrían que aprender a cocinar el tofu, especialmente combinado con un tipo de alga, para que no las desmineralice ni debilite y comer poco.

4. ¿Qué efectos energéticos tiene el tofu ahumado?

Muy diferentes, ya que se ha empleado un método de cocción que calienta: el ahumar. El tofu ahumado se puede consumir tal cual del paquete, ya se ha cocido. Se puede usar en bocadillos, ensaladas, patés, estofados, salteados, para aperitivos, etc.

5. ¿Es el tofu ahumado un alimento fiable? ¿Va a producirnos alguna enfermedad degenerativa al ser ahumado?

Los únicos ahumados que pueden producir desequilibrios son los ahumados de carnes animales y de grasas saturadas. El tofu proviene de la soja amarilla, una leguminosa. Podemos consumir tofu ahumado con toda tranquilidad, pero por supuesto no podremos vivir de él. Hay que comer poca cantidad.

6. ¿Cantidad por comida y por persona?

Cuando comemos proteína vegetal, hay que incrementar su volumen, ya que es menos densa que la animal. Medio paquete por persona (equivalente a 3-4 lonchas gruesas), sería una media estándar, aunque puede incrementarse a más si se desea. Al ser una proteína fácil de digerir, puede utilizarse para la cena.

7. ¿A qué edad puedo introducírselo a mis hijos?

EL tofu puede introducirse ya a partir de los 6 meses en pequeñas porciones, cocinado con verduras, nunca crudo. Luego se hace puré. Al ser una proteína muy versátil, puede cocinarse de muchas formas diferentes e introducirlo poco a poco según vayan creciendo.

8. ¿Qué formas son las más adecuadas para mis adolescentes?

Primero el proceso estándar de precocción: hervido el tofu crudo, durante 15-20 minutos con un poco de agua y unas gotas de salsa de soja o tamari. También podemos utilizar un trozo de alga (wakame o kombu) para remineralizar más.

Luego, podemos hacerlo a la plancha, frito, rebozado, en libritos, braseado, en barbacoa, etc. También podemos hacer hamburguesas, croquetas, albóndigas, quiches, escalopas, patés, etc.

Si utilizamos el tofu ahumado, no hay que cocinarlo, ya podemos consumirlo tal cual del paquete: para pizzas, platos de pasta, lasañas, revoltillos, en ensaladas, bocadillos, plancha, frito, etc.

9. ¿Por qué a mi marido no le gusta el tofu?

El tofu a nivel energético es muy frío. Hay que saberlo cocinar, transmutar su energía para que resulte sabroso y nutritivo, especialmente para personas que están habituadas a un exceso de productos o proteínas animales, ya que si no resultará insípido y tendrá una textura poco densa.

Por su estructura energética, los hombres necesitan proteína más densa, fuerte, que alimente y refuerce. Si el tofu se cocina muy ligeramente, no apetecerá en absoluto al género masculino.

Sugiero que se utilice en cocciones largas, tales como estofados, horno, braseados, quiches, fritos, albóndigas, en lasañas, paellas, pizzas, barbacoas, o utilizar la forma de precocción estándar y luego hacerlo a la plancha con sabrosas salsas, aliños, etc.

10. ¿Estaciones más propicias para utilizar el tofu?

Durante todo el año. En estaciones calurosas se puede utilizar con menos tiempo de cocción (macerados, hervidos, plancha, salteados cortos, revoltillos...).

En estaciones más frías, incrementar su tiempo de cocción y añadir aliños y condimentos que calienten tales como salsa de soja, tamari, miso, algas, aceite en cocción, sal, etc.

11. ¿Puedo utilizar tofu para postres?

A nivel energético es contraproducente utilizar tofu (efecto de distensión, enfriamiento, expansión) con ingredientes que producen los mismos efectos (fruta seca, fruta fresca, endulzantes, especias, chocolate, etc.), ya que no existe un equilibrio energético. Si utilizamos estas mezclas largo tiempo, puede repercutir en nuestra calidad de digestión y absorción de los alimentos y producir debilidad, y desnutrición.

El tofu tendría que utilizarse siempre en salado. ¡No en postres!

12. ¿Puedo utilizar tofu diluido como leche?

Si deseamos utilizarlo como leche, tendremos que consumirlo crudo, y ya hemos recalcado la importancia de comer el tofu cocinado. Además existen en el mercado gran cantidad de leches de cereales con mejores efectos para nuestro organismo. No recomendamos la leche de soja por los mismos efectos energéticos que produce el tofu crudo.

Aunque deberíamos cuestionarnos en profundidad para qué cuerpo necesitamos tomar leche. ¿Para el físico, o para el emocional?

13. ¿Por qué cuando como tofu tengo hambre al cabo de un rato?

Cuando cambiamos de alimentación, de una carnívora a otra más vegetariana, tenemos que hacer una transición paulatina, sin cambios drásticos que puedan afectar con gravedad el proceso de absorber nuestro alimento para producir energía y vitalidad. No podemos cambiar de la noche a la mañana, nuestro cuerpo necesita tiempo, y hay que hacer una transición, especialmente tomar un poco de pescado como transición a la proteína animal de grasa saturada.

El tofu es una proteína vegetal, y como todas ellas muy ligera y sin densidad. Si a esto le añadimos el no saberla cocinar ni condimentar apropiadamente, y además que se tomen tan sólo un par de lonchas muy finas, en lugar de un bistec, ¡por supuesto que nos sentiremos con hambre! Nuestro cuerpo estará aullando por proteína más densa y de textura más fuerte (véase capítulo 5, «Cómo hacer la transición»).

14. ¿Por qué cuando como tofu quiero frutos secos después de la comida?

Por la misma razón que hemos mencionado en la pregunta anterior. Tenemos que cocinar el tofu más tiempo, con aceite, con salsas y aliños ricos, sabrosos y que nos den parecida energía y efectos que los frutos secos. Además, claro, de comer más cantidad.

15. ¿Por qué cuando como tofu quiero pan y galletas?

(*Véanse* las dos respuestas anteriores). También el tofu es de textura húmeda, blanda. Si toda nuestra comida es de textura parecida, por descontado desearemos algo opuesto: seco y crujiente.

16. ¿Es compatible comer el tofu fresco con miel?

El tofu crudo no es recomendable, hay que cocinarlo. La energía de la miel es también de efecto expansivo, volátil y de dispersión. No se combinan ni se digieren adecuadamente.

17. ¿Se puede utilizar el tofu como se utiliza el queso?

Si es el tofu crudo, hay que cocinarlo. Podemos utilizarlo en cremas saladas, hacer el queso de tofu, macerarlo para aperitivos, canapés y ensaladas, en patés, etc. Si es el tofu ahumado, ya se puede utilizar tal cual.

18. ¿Con qué alimentos no es compatible el tofu?

Con alimentos de efecto expansivo, que produzcan dilatación, enfriamiento, distensión. Tales como las frutas, endulzantes, postres, exceso de especias…

19. ¿Es el tofu una proteína vegetal muy procesada?

No, es un proceso muy fácil de efectuar. Y vimos que tan sólo existen dos ingredientes en este proceso. La soja amarilla y un coagulante llamado nigari (derivado de la sal marina) para amalgamar/solidificar el tofu.

20. ¿Por qué tenemos que comer tofu si no es un alimento originario del país?

¡No hay que consumirlo si no lo deseamos! El tofu es una proteína vegetal, originaria de los países de Oriente (ricos en soja amarilla). Poco a poco se ha ido popularizando y extendiendo su consumo hasta llegar a los países de Occidente.

Hay cada vez más personas que desean alimentarse con proteínas vegetales, y el tofu ofrece más variedad al ser tan versátil en su preparación, en lugar de centrarnos tan sólo en el consumo de leguminosas, que a la larga resultaría pesado y monótono para muchos.

21. ¿Es fácil hacer el tofu en casa?

Sí, tan sólo se requiere tiempo y espacio. Recomendamos hacer el tofu al menos una vez, para ver su simple proceso y su procedencia natural. Luego, al vivir en una sociedad con prisas, es mejor dejarlo a los expertos y comprarlo ya hecho, para ahorrarnos tiempo, pero siempre de buena calidad y de soja que no sea transgénica. Si es un tofu ecológico, con el sello bío, será de buena calidad.

22. ¿Cuánto tiempo se conserva en el paquete después de comprarlo?

Tenemos que mirar siempre la fecha de la caducidad y no aceptar paquetes antiguos. Sin abrir un paquete tendría que conservarse perfectamente, en la nevera, hasta su fecha de caducidad.

23. ¿Cómo y dónde hay que conservarlo después de abrir el paquete?

El tofu fresco: Recomendamos sacarlo del paquete y tenerlo en un bol de vidrio o cerámica cubierto de agua fresca en la nevera. Cambiar cada día el agua hasta consumirlo (de dos a tres días).

El tofu ahumado: Puede conservarse después de abierto en el mismo paquete en la nevera durante 2 o 3 días.

24. Después de cocinarlo, ¿cuánto tiempo dura?

Recomendamos cocinar tan sólo la cantidad que necesitamos. Si sobrase, puede cocinarse y consumirse en otra comida.

25. ¿Es verdad de que comiendo tofu se eliminan los problemas en la menopausia?

El comer productos de soja no ayudará a eliminar problemas en la menopausia si realmente no se hace un cambio total en la forma de alimentarse.

Si observamos por qué las japonesas carecen de problemas en la menopausia o incluso en la menstruación, es por su forma general de alimentarse. Ha sido un pueblo que se ha alimentado hasta hace pocos años de cereales, verduras, algas, proteínas vegetales (tofu, natto) y pescado. No se ha consumido hasta la actualidad grasas saturadas de origen animal ni lácteos, por lo que su herencia a nivel energético es más depurada, sin tantos excesos, sobrepesos, ni acumulaciones de grasas y colesterol, lo que repercute directamente en su salud.

Lo más importante, si deseamos mejorar, es empezar a reducir/eliminar lácteos y grasas saturadas de proteína animal de nuestra alimentación diaria. Nos sorprenderemos de sus efectos.

26. ¿Tiene el tofu el mismo contenido de calcio que la leche?

Muchas tiendas, con el afán de vender o por desconocimiento, hacen publicidad del tofu como sustituto de la leche.

¿Tenemos realmente que buscar un sustituto? Sí, por descontado que nuestro cuerpo necesita calcio y otros minerales para mantener unos huesos fuertes y flexibles. Pero lo más importante es primeramente conocer de qué forma perdemos calcio y nos descalcificamos/desmineralizamos diariamente.

El tofu es una proteína vegetal, versátil y de fácil digestión. Se utiliza para crear más variedad en nuestra cocina de proteínas vegetales, pero no como sustituto de los lácteos.

Fuentes importantes de calcio, sin tener que recurrir a los lácteos, son las algas, las semillas, los frutos secos, las legumbres y las verduras biológicas, en especial las de hoja verde, los condimentos salados…

27. ¿El tofu engorda?

No. No tiene grasa saturada ni colesterol, es una proteína vegetal. Aunque sí puede hinchar e inflamar si lo comemos crudo o abusamos de su consumo.

28. Cuando como tofu me siento hinchado y a veces tengo diarrea. ¿Por qué?

Por la misma razón que hemos mencionado anteriormente. Hay que saberlo cocinar adecuadamente (*véase* capitulo 7 «Forma de precocción estándar del tofu crudo»).

Hoy en día, la calidad de nuestros intestinos no es en absoluto la misma que la de nuestros antepasados.

Debido al *boom* de la alimentación moderna, con comidas preparadas, congelados, etc., nuestros intestinos sufren en exceso, su calidad es muy pobre: expansión, gases, diarrea, perdida de flora intestinal, etc. Al consumir el tofu fresco sin cocinarlo previamente o con combinaciones expansivas –especias, vinagres, exceso de verdura cruda, fruta, endulzantes, etc.–, los problemas se incrementan.

Crema de calabacín y tofu

- Saltear las cebollas con el aceite y una pizca de sal marina durante 10 minutos, sin tapa y a fuego medio.
- Añadir los calabacines, la albahaca seca, el alga wakame y agua que cubra ¼ del volumen de las verduras. Tapar y cocer a fuego medio/bajo durante 15-20 minutos.
- Pasar por la batidora hasta conseguir una consistencia cremosa. Rectificar de líquido con más agua o leche de arroz. Añadir la almendra en polvo.
- Hacer a la plancha los cubos de tofu ahumado con unas gotas de aceite de oliva.
- Añadir el tofu ahumado y albahaca fresca a la crema. Servir.

3-4 personas

Ingredientes

- 4 cebollas cortadas finas en medias lunas
- 4 calabacines cortados en rodajas finas
- aceite de oliva
- sal marina
- albahaca seca
- 1 tira de alga wakame
- ½ bloque de tofu ahumado cortado en dados
- leche de arroz (opcional)
- 3 c.s. de polvo de almendras
- albahaca fresca picada fina

Ingredientes

· 1 taza de pasta integral
· sal marina
· 1 bloque de tofu ahumado (cortado en cubos)
· 2 zanahorias cortadas en rodajas finas
· un manojo de judías verdes (troceadas)
· 2 c.s. de maíz cocido
· cebollino
· 3-4 pepinillos/*gherkins* (pepinillos naturales fermentados) cortados finos

Vinagreta:

· 3 c.s. de nueces ligeramente tostadas
· 1 c.s. de miso blanco
· 1 c.s. de jugo de manzana
· 1 c.c. de aceite de oliva
· 1 c.s. de agua

Ensalada de pasta y tofu con vinagreta de nueces

- Cocer la pasta con abundante agua hirviendo y una pizca de sal marina durante 10-12 minutos. Lavar la pasta con agua fría y escurrir.
- Hervir agua, añadir una pizca de sal y las zanahorias. Hervir 3-4 minutos. Lavar con agua fría y escurrir. Hervir las judías verdes 2-3 minutos. Lavarlas con agua fría y escurrir.
- Hacer a la plancha los cubos del tofu ahumado. Reservar.
- Mezclar la pasta con las verduras, el tofu, el maíz, el cebollino y los pepinillos.
- Hacer el aliño batiendo todos los ingredientes. Se requerirá más o menos agua de acuerdo a la consistencia deseada.
- Añadir el aliño encima de la ensalada justo el momento de servir.

Ingredientes

· Lechugas variadas, lavadas
  y cortadas en trozos grandes
· 1 aguacate cortado en trozos
  y rociado con unas gotas de limón
  para evitar que ennegrezca
· 4 tomates cherry cortados
  por la mitad
· 3 c.s. de maíz cocido
· olivas negras al gusto
· $^1/_3$ de taza de alga wakame
  (remojada 10 minutos y troceada)
· 1 bloque de tofu ahumado cortado
  en dados
· aceite de oliva
· albahaca u orégano seco

Aliño:
· 1 c.s. de aceite de oliva
· 2 c.s. de jugo concentrado
  de manzana
· 1 c.s. de salsa de soja o tamari
· unas gotas de aceite de sésamo
  tostado
· 1 c.c. de ralladura limón

Ensalada veraniega con tropezones de tofu frito

- Macerar los tomates cortados por la mitad con unas gotas de tamari y albahaca u orégano seco.
- Hacer a la plancha los dados de tofu ahumado con aceite de oliva hasta que queden crujientes y de color dorado.
- Colocar en una fuente para servir las lechugas junto con el resto de los ingredientes de la ensalada. Añadir el tofu.
- Mezclar los ingredientes para al aliño y servir.

Ensalada de remolacha, germinados y tofu ahumado

- Escaldar los rabanitos unos segundos, escurrirlos (sin lavarlos) y añadirles unas gotas de vinagre de umeboshi para intensificar su color.
- Colocar en una fuente para servir las lechugas, la remolacha, el tofu ahumado, los rabanitos y los germinados. Decorar con los piñones y la menta.
- Emulsionar los ingredientes del aliño y servir con la ensalada.

3-4 personas

Ingredientes

· Lechugas variadas, lavadas y troceadas
· 5-6 rabanitos cortados en cuartos
· 3 remolachas cortadas en rodajas
· 1 paquete de tofu ahumado cortado en lonchas finas
· 1 taza de germinados de alfalfa
· 1 c.s. de piñones ligeramente tostados
· menta fresca
· vinagre de umeboshi

Aliño:
· 1 c.s. de aceite de oliva
· 1 c.c. de pasta de umeboshi
· 1 c.s. de melaza
· 2 c.s. de jugo concentrado de manzana

Ingredientes

· 3 endivias cortadas a lo largo
  (rociadas con zumo de limón
  para prevenir que se ennegrezcan)
· hojas de lechuga o escarola cortadas
  finas
· 4-6 rabanitos cortados finos
· 1 paquete de tofu ahumado cortado
  en lonchas finas
· 2-3 cucharas de olivas negras
· perejil fresco cortado fino

Salsa:

· 2 boniatos o 3 zanahorias al vapor
· 3 c.s. de almendras y avellanas
  tostadas
· ajo en polvo al gusto
· 1 c.c. de pasta de umeboshi
· 2 c.s. de aceite de oliva

Ensalada aromática de endivias con tofu ahumado y salsa de frutos secos

- Mezclar los ingredientes de la ensalada en una fuente para servir.
- Para la salsa, pasar por la batidora todos los ingredientes junto con un poco de agua para obtener la consistencia deseada.
- Servir con la ensalada.

Revoltillo de tofu y calabaza

- Saltear las cebollas con un poco de aceite de oliva y una pizca de sal marina durante 10 minutos, sin tapa y a fuego medio/bajo y con una hoja de laurel.
- Añadir la calabaza, tapar y seguir cociendo durante 15-20 minutos. Si fuera necesario, añadir un poco de agua.
- Añadir el tofu ahumado desmenuzado, mezclar bien, cocinar 10 minutos más.
- Servir con perejil.

Variantes:
- Se puede utilizar unas cucharadas de crema o puré de calabaza en lugar de la calabaza cruda.
- Se puede utilizar boniato en lugar de calabaza.
- También se puede utilizar zanahoria rallada fina.

2 personas

Ingredientes

- · 1 bloque de tofu ahumado desmenuzado
- · 2 cebollas cortadas finas
- · 2 tazas de calabaza cortada en cubos pequeños
- · aceite de oliva
- · sal marina
- · 1 hoja de laurel
- · perejil

Quiche de pimientos y olivas

4-5 personas

Ingredientes

- · 1 bloque de tofu fresco
- · 1 bloque de tofu ahumado
- · 3 cebollas (cortadas en cuadritos)
- · 1 pimiento rojo (lavado, asado, pelado y cortado en cuadritos)
- · ½ taza de olivas sin hueso, troceadas
- · 1 c.s. de genmai miso
- · aceite de oliva
- · una pizca de sal marina
- · una pizca de cúrcuma
- · albahaca fresca y seca

- Saltear las cebollas con un poco de aceite y una pizca de sal marina durante 10-12 minutos sin tapa a fuego medio/bajo. Añadir el pimiento rojo y albahaca seca al gusto.

- Desmenuzar los bloques de tofu con un tenedor y luego pasar por la batidora con un poco de agua, el miso, la cúrcuma y 2 c.s. de aceite de oliva, hasta obtener una consistencia espesa tipo paté.

- Mezclar en una fuente para hornear la crema de tofu con las verduras, las olivas y un poco de albahaca fresca. Procurar que todo quede bien mezclado.

- Hornear a temperatura media (180-190 ºC) durante 45-50 minutos. Dejar enfriar y servir con un poco más de albahaca fresca.

Ingredientes

- · 2 bases integrales de pizza (comprada hecha)
- · salsa de tomate natural de buena calidad
- · 1 bloque de tofu ahumado cortado en cubos
- · 3 cebollas cortadas finas
- · ½ taza de maíz
- · 2 calabacines cortados en medias rodajas finas
- · 2-3 c.s. de olivas sin hueso
- · orégano seco
- · aceite de oliva
- · una pizca de sal
- · salsa de soja o tamari
- · perejil

Pizza de tofu con verduras

- Saltear las cebollas con aceite de oliva y una pizca de sal, a fuego medio/bajo durante 10 minutos sin tapa. Añadir el tofu ahumado, el maíz, el orégano, los calabacines y unas gotas de salsa de soja o tamari.
- Mezclar bien y reservar.
- Calentar el horno a temperatura media.
- Esparcir encima de las bases integrales la salsa de tomate. Seguidamente repartir la mitad del salteado en cada pizza.
- Decorar con las olivas y un poco más de orégano seco (opcional). Hornear unos minutos hasta que las bases estén crujientes y cocidas. Servir con perejil crudo.

Ingredientes

· 1 paquete de tofu fresco cortado
  en cubos medianos

Condimentos:

· aceite de oliva
· 2 c.s. de salsa de soja o tamari
· 2 c.s. de jugo concentrado
  de manzana
· 3-4 rodajas finas de jengibre fresco

Tofu braseado

- Hacer el tofu a la plancha hasta que toda su superficie esté crujiente y adquiera un tono dorado.
- A continuación, cubrir la mitad del volumen del tofu con agua. Añadir la salsa de soja o tamari, el jugo concentrado de manzana y el jengibre fresco.
- Tapar y cocer el tofu a fuego medio/bajo hasta que todo el líquido se evapore completamente (aprox. 25-30 minutos). Servir caliente.

Brócoli con crema de tofu y piñones

2-4 personas

Ingredientes

· 1 manojo de brócoli cortado
  en flores
· sal marina
· 1 bloque de tofu fresco cortado
  en varios trozos
· 1 c.s. de aceite de oliva
· 1 c.s. de genmai miso
· 1 c.s. de concentrado de manzana
· 1 c.c. de mostaza natural
· 3 c.s. de piñones ligeramente
  tostados

- Hervir agua, añadir una pizca de sal marina y el brócoli. Hervir sin tapa durante 3 minutos. Lavar en agua fría rápidamente y escurrir muy bien.
- En la misma agua, hervir el bloque de tofu durante 5-7 minutos.
- Inmediatamente hacerlo puré con los demás ingredientes de la crema (excepto los piñones) y un poco de agua hasta obtener una consistencia espesa
- Mezclar los piñones (reservar unos cuantos para decorar).
- Colocar atractivamente el brócoli en una fuente para servir. Colocar encima la crema de tofu y decorar con los piñones. Servir.

Ingredientes

· 1 taza de trigo sarraceno
  (grano entero)
· 1 taza de leche de cereales
· 1 taza agua
· una pizca de albahaca seca
· una pizca de sal
· aceite de oliva

Relleno:
· 4 cebollas cortadas finas
· 1 bloque de tofu ahumado
  desmenuzado con un tenedor
· 3-4 c.s. de maíz
· 2 calabacines cortados en rodajas
  finas
· 2 zanahorias cortadas tipo juliana
· sal marina
· salsa de soja o tamari
· 2 c.s. de aceite de oliva
· 2 c.s. de semillas de sésamo
  ligeramente secadas
· aceite de sésamo tostado
· cilantro fresco cortado fino

Crepes de tofu con verduras

• Lavar el trigo sarraceno en grano y añadirle las 2 tazas de líquido, una pizca de sal y albahaca. Dejar remojar 1-2 horas. Batir hasta obtener una consistencia homogénea.

• Calentar una sartén antiadherente, pincelar con un poco de aceite y verter ⅓ de cucharón de líquido de crepes. Mover bien la sartén, hasta que se extienda todo el líquido por el fondo. Dejar varios minutos hasta que se empiece a desprender por los lados. Darle la vuelta con cuidado y cocinar 2-3 minutos más.

• Para el relleno, saltear las cebollas con el aceite de oliva y una pizca de sal marina sin tapa durante 10 minutos a fuego medio bajo.

• Añadir las zanahorias, el calabacín, el maíz y unas gotas de salsa de soja o tamari. Saltear 10 minutos.

• Añadir el tofu ahumado desmenuzado, las semillas, unas gotas de aceite de sésamo tostado para aromatizar y el cilantro. Mezclar bien.

• Rellenar las crepes y servir inmediatamente.

Pastel de tofu y polenta

3-4 personas

Ingredientes

· 2 cebollas
· 2 zanahorias
· ½ bloque de tofu ahumado
(todo cortado en cuadritos)
· ½ taza de guisantes verdes cocidos
· 1 taza de polenta (sémola de maíz
fina)
· 4 tazas de agua fría
· una pizca de sal marina
· aceite de oliva
· laurel

- Saltear las cebollas con un poco de aceite de oliva y una pizca de sal marina durante 10 minutos, sin tapa a fuego medio/bajo.
- Añadir el laurel, las zanahorias y 1 taza de agua. Tapar y cocinar a fuego medio durante 5-6 minutos.
- Añadir las 3 tazas de agua fría, la polenta inmediatamente y otra pizca de sal marina. Remover constantemente durante 10-12 minutos a fuego medio/bajo, hasta que se haya espesado completamente y podamos ver el fondo de la cazuela al remover con la espátula de madera.
- Añadir los guisantes cocidos y el tofu ahumado. Retirar el laurel.
- Colocar la masa en un molde de cerámica o vidrio previamente humedecido. Dejar enfriar. Cortar y servir.

Ingredientes

- · 1 bloque de tofu fresco cortado en cubos
- · 2 cebollas cortadas
- · ¼ de calabaza dulce (cortada en cubos medianos)
- · 2 zanahorias cortadas (método rodado)
- · 1 mazorca de maíz (cortada en rodajas)
- · 2 tiras de alga kombu
- · unas gotas de tamari
- · aceite de sésamo
- · aceite de oliva
- · sal marina
- · tomillo fresco
- · 1 c.s. de genmai miso

Decoración:
- · ramitas de perejil
- · semillas de sésamo tostadas (opcional)

Estofado con tofu

- Macerar los cubos de tofu con unas gotas de tamari y aceite de sésamo tostado durante media hora.
- Saltear las cebollas con un poco de aceite de oliva y una pizca de sal marina, sin tapa durante 5 minutos a fuego medio/bajo.
- Añadir el tofu y el resto de las verduras, el tomillo, el alga y agua que cubra ⅓ del volumen de las verduras. Tapar y cocer a fuego medio/bajo durante 30 minutos. Trocear el alga kombu y añadirla de nuevo al estofado.
- Añadir el miso diluido con un poco del líquido del estofado. Dejar cocer 2-3 minutos (sin hervir) y decorar con el perejil y las semillas de sésamo (opcional). Servir.

Quiche de espárragos y champiñones

3-4 personas

Ingredientes

· 1 bloque de tofu fresco
· 1 bloque de tofu ahumado
· 2 puerros cortados finos
· 1 manojo de espárragos (cortados en trozos medianos)
· 1 taza de champiñones cortados finos
· 3 c.s. de anacardos

Condimentos:

· 1 ½ c.s. de genmai miso
· 2 c.s. aceite de oliva
· sal
· albahaca fresca y seca

- Saltear los puerros y los champiñones con un poco de aceite de oliva y una pizca de sal, sin tapa, a fuego medio/bajo durante 10-12 minutos (hasta que el líquido de champiñón de haya evaporado).
- Añadir los espárragos, mezclar bien y reservar.
- Desmenuzar los bloques de tofu con un tenedor y luego pasar por la batidora con un poco de agua, el miso, y 2 c.s. de aceite de oliva, hasta obtener una consistencia espesa tipo paté.
- Mezclar en una fuente para hornear la crema de tofu con el salteado, la albahaca seca y los anacardos. Procurar que todo quede bien mezclado.
- Hornear a temperatura media (horno a 180-190 ºC) durante 40-50 minutos. Dejar enfriar y servir con un poco más de albahaca fresca.

Lasaña de tofu a la jardinera

2-3 personas

Ingredientes

· 1 paquete de lasaña
· 1 paquete de tofu ahumado desmenuzado
· 3 zanahorias y 1 chirivía cortadas en cuadritos pequeños
· 2 puerros cortados finos
· 1 taza de champiñones (cortados en láminas finas)
· una pizca de sal
· laurel
· tomillo y/o romero seco
· perejil picado fino
· aceite de oliva
· tamari
· 3 c.s. de piñones (ligeramente tostados)

Bechamel:

· 2 cebollas
· ½ coliflor
· aceite de oliva
· sal marina
· nuez moscada
· 1 c.s. de miso blanco (opcional)
· leche de arroz
· polvo de almendras

- Saltear los puerros y los champiñones con aceite de oliva, una pizca de sal y el laurel durante 7-10 minutos.
- Añadir el resto de las verduras y las hierbas. Tapar y cocinar a fuego lento durante 10 minutos, hasta obtener una masa bastante seca. Agregar el tofu desmenuzado y los piñones, mezclar bien. Rectificar con unas gotas de tamari al gusto.
- Cocer las láminas de lasaña con abundante agua hirviendo, una pizca de sal marina y sin tapa. Mirar el tiempo de cocción en el paquete. Retirar, lavar con agua fría escurrir.

Bechamel:

- Para la bechamel, pochar las cebollas con el aceite y una pizca de sal marina durante 10-12 minutos.
- Añadir la coliflor, agua que cubra la mitad del volumen de las verduras, otra pizca de sal marina y nuez moscada al gusto.
- Tapar y cocer a fuego medio bajo durante 15-20 minutos. Hacer puré. Equilibrar su espesor y gusto añadiendo leche de arroz y más nuez moscada y el miso blanco (opcional).
- Pincelar una bandeja con un poco de aceite de oliva, añadir una capa de lasaña, luego el relleno y un poco de bechamel. Seguir haciendo capas, terminando con lasaña y bechamel. Espolvorear con almendra rallada y hornear durante 15 minutos, hasta que la superficie este gratinada y dorada. Servir caliente.

Wok rápido de verduras, tofu y arame

3-4 personas

Ingredientes

- Hacer el tofu a la plancha hasta que toda su superficie esté crujiente y adquiera un tono dorado.
- Cubrir la mitad del volumen del tofu con agua. Añadir la salsa de soja o tamari, el jugo concentrado de manzana y el jengibre fresco.
- Tapar y cocer el tofu a fuego medio/bajo hasta que todo el líquido se evapore completamente (aprox. 25-30 minutos).
- Saltear los puerros con un poco de aceite de oliva y una pizca de sal durante 7 minutos. Añadir el alga y las zanahorias. Continuar salteando unos 7 minutos.
- Hervir el brócoli con una pizca de sal, durante 3 minutos. Retirar, lavar con agua fría y escurrir muy bien.
- Añadir el brócoli al salteado, junto con el tofu y las semillas, mezclar bien. Servir caliente.

· 2 bloques de tofu fresco cortado en cubos medianos

· ½ taza de arame (remojada con agua fría durante 10 minutos y escurrida)

· 2 zanahorias cortadas en rodajas y en cerillas

· 2 puerros cortados finos

· ½ manojo de brócoli cortado en flores medianas

· 2 c.s. de semillas de sésamo tostadas (opcional)

· aceite de oliva

· sal marina

· 2 c.s. salsa de soja o tamari

· 1 c.p. de jugo concentrado de manzana

· 3-4 rodajas de jengibre fresco

Ingredientes

· 1 bloque de tofu fresco y 1 bloque de tofu ahumado (cortados en cubos)
· 1 chirivía grande o 2 boniatos (cortados en rodajas)
· 3 zanahorias cortadas en rodajas
· 2 cebollas cortadas en cuartos

Macerado:

· 2 c.s. de aceite de oliva
· 1 c.c. de aceite de sésamo tostado
· 2 c.s. de salsa de soja o tamari
· 2 c.s. de jugo concentrado de manzana
· 1 c.s. de jugo de jengibre (rallado y escurrido)
· ½ c.c. de tomillo seco

Papillote de tofu

- Colocar los cubos de tofu en un recipiente, verter encima el macerado (sin agua). Remover de tanto en tanto durante 1 hora.
- Añadir el resto de las verduras al macerado y mezclar bien.
- Cortar 4 hojas de papel para horno (aprox. 30 x 30 cm). Colocar dos de ellas superpuestas (una sola podría filtrar los jugos de las verduras al cocerse en la bandeja del horno) y seguidamente la mitad de los ingredientes macerados, también un poco del líquido del macerado.
- Cerrar con cuidado el paquete, debe de quedar holgado, pero cerrado herméticamente, para que el vapor circule sin salir al exterior. Proceder con el resto de los ingredientes para el segundo paquete.
- Colocar los dos paquetes con cuidado sobre una bandeja del horno. Pincelar el exterior del papel con un poco de aceite para que no se reseque y cocinar en un horno precalentado a 180 °C durante 30 minutos.
- Servir inmediatamente los papillotes.

Albóndigas con salsa de remolacha

- Escaldar el tofu unos segundos y desmenuzarlo con un tenedor.
- Dorar ligeramente el ajo picado y añadirlo al tofu junto con el perejil, las semillas de sésamo y unas gotas de salsa de soja o tamari.
- Mezclarlo todo bien y moldear la pasta, dándole forma de albóndigas. Si fuera necesario aumentar su consistencia, añadir un poco de harina blanca.
- Rebozar cada albóndiga con un poco de harina.
- Calentar aceite y freírlas hasta que se doren. Retirar las albóndigas cuando estén hechas. Colocarlas en una bandeja con papel absorbente para eliminar el exceso de aceite.
- Saltear las cebollas con un poco de aceite de oliva, y una pizca de sal sin tapa, a fuego medio durante 10-12 minutos.
- Añadir las zanahorias, la albahaca seca y un fondo de agua. Tapar y cocer a fuego bajo durante 15-20 minutos.
- Si hubiera mucho líquido, retirar un poco y hacer puré las verduras, añadiendo remolacha hasta obtener un color deseado. Condimentar con el vinagre de umeboshi y el concentrado de manzana al gusto.
- Colocar en una cazuela ancha la salsa de remolacha caliente y las albóndigas. Servir.

2-3 personas

Ingredientes

- ½ paquete de tofu fresco
- ½ paquete de tofu ahumado
- ½ diente de ajo
- perejil picado fino
- unas gotas de salsa de soja o tamari
- 2 cucharadas de sésamo tostado
- harina blanca
- aceite para freír

Salsa:

- 2 cebollas cortadas finas
- 5 zanahorias cortadas en rodajas finas
- 1 remolacha cocida cortada en rodajas finas
- 2 c.s. de aceite de oliva
- 1 c.c. de albahaca seca
- sal marina
- 1 c.s. de vinagre de umeboshi
- 3 c.s. de jugo concentrado de manzana

Ingredientes

· ½ taza de alga espagueti de mar
· jugo concentrado de manzana
· albahaca seca al gusto
· 1 bloque de tofu fresco
· 1 c.s. de genmai miso
· 1 c.p. de mostaza
· aceite de oliva

Paté de algas y tofu

- Colocar el alga en una cazuela y cubrirla con agua fría para dejarla en remojo 20 minutos. Tirar el agua y cubrir de nuevo la mitad del volumen del alga con agua.
- Añadir 1 cucharada de concentrado de manzana. Cocer con tapa a fuego medio-bajo 20-30 minutos o hasta que esté tierna y se haya evaporado toda el agua.
- Hervir el tofu durante 10 minutos y hacerlo puré inmediatamente con el alga cocida, una pizca de albahaca seca, la mostaza, concentrado de manzana, el genmai miso, de aceite y un poco de agua si hiciera falta.

Paté de tofu y alcaparras

· ½ bloque de tofu fresco
· ½ bloque de tofu ahumado
· 2 c.s. de cebollino cortado fino
· 3 c.s. de alcaparras troceadas o picadas
· 2 c.s. de miso blanco
· 2 c.s. de aceite de oliva
· 2 c.s. de jugo concentrado de manzana

- Hervir el tofu cortado en varios trozos con un poco de agua durante 5 minutos.
- Retirarlo del fuego e inmediatamente hacerlo puré junto con los aliños.
- Mezclar las alcaparras y el cebollino y servir.

Mayonesa de tofu a la mostaza

4-6 personas

Ingredientes

· 1 bloque de tofu fresco
· 2 c.s. de aceite de oliva
· 2 c.s. de miso blanco
· 1 c.c. de pasta de umeboshi (opcional)
· 2 c.s. de concentrado de manzana
· 1 c.p. de mostaza natural

- Hervir el bloque de tofu cortado en trozos durante 5-7 minutos. Inmediatamente hacerlo puré junto con los demás ingredientes y un poco de agua si fuera necesario. Servir.

Ingredientes

· 1 bloque de tofu fresco cortado
  en lonchas medianas
· aceite de oliva
· ½ tira alga kombu
· 1 c.s. salsa de soja o tamari

**Acompañamientos
  para el bocadillo:**
· hojas de lechuga
· *gherkins* cortados finos
· germinados de alfalfa

Untar en el pan integral:
· paté de aceitunas negras
  o mayonesa de tofu

BOCADILLOS CON TOFU
❖ A la plancha

- Hervir el tofu durante 20 minutos con el alga kombu y 1 c.s. de salsa de soja o tamari y agua que cubra ⅓ del volumen del tofu.

- Escurrirlo y hacerlo a la plancha con aceite de oliva y unas gotas de salsa de soja o tamari. Si se desea hacer más crujiente, se puede rebozar antes de hacer a la plancha con un poco de fécula de maíz ecológica.

- Untar el pan, añadir el acompañamiento y el tofu. Servir.

❖ Ahumado

- Untar en el pan la mayonesa.
- Hacer el tofu ahumado a la plancha, añadirle al final unas gotas de tamari y albahaca seca.
- Añadir el tofu ahumado y el acompañamiento. Servir.

2 personas

Ingredientes

· Tofu ahumado cortado en lonchas
· salsa de soja o tamari
· albahaca seca

**Acompañamientos
para el bocadillo:**

· hojas de lechuga
· berros
· rodajas de pepino
· 2 c.s. de chucrut *(pickle /* fermentado de col blanca) natural

Untar en el pan integral:

· mayonesa de tofu

Ingredientes

· 1 bloque de tofu fresco
· genmai miso

Acompañamientos
para el bocadillo:

· aguacate en rodajas y rociado con unas gotas de limón para que no ennegrezca
· nueces
· zanahoria rallada y escurrida
· canónigos o germinados de alfalfa

Untar en el pan integral:

· mayonesa de tofu

❖ Queso de tofu

- Cortar el bloque de tofu por la mitad a lo largo.
- Untar con un cuchillo cada trozo con el miso por todas sus caras.
- Apilar uno encima del otro. Guardar en la nevera de 20-24 horas.
- Retirar el miso (se puede utilizar una segunda vez añadiendo un poco de miso fresco para hacer más queso de tofu).
- Lavar el queso de tofu rápidamente y secar. Guardarlo en la nevera hasta el momento de utilizarlo.
- Untar el pan con la mayonesa. Añadir los acompañamientos y el queso de tofu. Servir.

❖ Libritos de seitán y tofu rebozados

- Cortar el seitán en lonchas gruesas y abrirlas con cuidado para hacer libritos. Cortar muy finamente el tofu y rellenar cada librito de seitán.
- Mezclar muy bien los ingredientes para el rebozado y enfriar la pasta en la nevera media hora. Si al sacarla está muy espesa, añadirle un poco más de agua con gas.
- Calentar el aceite, sumergir cada librito en la pasta y freírlo hasta que quede crujiente por los dos lados. Escurrir sobre un papel absorbente. En lugar de freír los libritos también se pueden hacer a la plancha (opcional).
- Untar el pan, añadir el acompañamiento y los libritos. Servir.

2 personas

Ingredientes

- · 1 paquete de seitán
- · 1 paquete de tofu ahumado
- · Aceite de oliva

Pasta para el rebozado:
- · 1 taza de harina semiintegral tamizada
- · 3 c.s. de fécula de maíz ecológica
- · agua con gas
- · una pizca de sal marina
- · una pizca de cúrcuma

Acompañamientos para el bocadillo:
- · hojas de lechuga
- · germinados de alfalfa
- · rodajas de *gherkins* cortados finos

Untar en el pan integral:
mayonesa de tofu

Capítulo 8

El seitán

Forma básica de cocción

Existen en el mercado varias marcas de seitán, todas ellas de excelente calidad. El seitán ya está cocido, o sea, que se puede consumir tal cual se ofrece en el paquete.

Como ya hemos mencionado en otro capítulo, la proteína vegetal es menos concentrada y densa que la proteína animal, por lo que hay que utilizar como mínimo medio paquete por comida por persona.

La cantidad que quede debe guardarse en un recipiente de cerámica o vidrio, cubierto con agua y 1 cucharada sopera de salsa de soja o tamari para preservarlo. Utilizarlo al día siguiente o en dos días.

Para elaborar seitán casero, *véase* capítulo 1, «Fabricación casera del seitán».

Sus efectos energéticos

Su efecto energético al sacarlo del paquete (listo para consumir) es de nutrir, calentar y reforzar. Puede consumirse durante todo el año, algunas veces a la semana; claro está, combinándolo con otras proteínas vegetales.

Por su densa textura, color y forma, nos recuerda a la carne, y puede adaptarse perfectamente a toda clase de recetas tradicionales, como sustituto de todas las grasas saturadas que no necesitamos.

De las proteínas vegetales, el seitán es el que más nutre y refuerza. Todo el mundo puede tomar seitán, a excepción de las personas alérgicas al gluten.

Como proteína vegetal, es importante no mezclarla con frutas ni endulzantes, ya que la fruta inhibirá la absorción de su proteína.

Si tomamos seitán en una comida, ya no necesitamos ninguna otra proteína. Nuestro cuerpo estará totalmente satisfecho. Tan sólo necesitamos equilibrarlo en nuestro plato combinado con los demás nutrientes que nuestro cuerpo necesita: cereal, algas, verduras, semillas, germinados, *pickles*.

Incluyendo seitán

Se puede adaptar por su textura a las recetas de toda la vida, la «cocina de la abuela», creando una gran variedad de platos deliciosos y sensoriales. Podemos usarlo en sopas, potajes, cocidos, cocinado en trozos: desmenuzado, frito tipo tropezones, utilizado en el caldo tradicional (pelota), etc.

Con platos de cereales o pasta integral, tipo paella, risottos, ensaladillas, fideuás, lasañas, canelones, para rellenos, ensaladas con cereales o pasta…

Con otras proteínas vegetales: en brochetas, albóndigas, croquetas, escalopas, libritos, en estofados, hamburguesas, guisos…

Con algas: es particularmente beneficiosa su combinación.

Con verduras: sea en cocciones, guisos, cocidos, salteados largos, woks, plancha, al horno, papillotes, estofados, rustidos, etc., o en ensaladas.

En bocadillos (*véase* en este capítulo).

En salsas: tipo boloñesa, etc.

Platos fáciles recomendados

A continuación mencionamos algunos platos fáciles de confeccionar, para personas principiantes que deseen integrar las proteínas vegetales en su alimentación diaria. Estas sugerencias las encontraréis en el apartado de recetas de cada una de las proteínas vegetales.

Sugiero empezar con recetas simples, y poco a poco practicar todas las del libro. Seguro que a cada cual, de acuerdo con sus gustos personales y únicos, le favorecerán más unas que otras. Cuando ya tengamos soltura manejando y utilizando las proteínas vegetales, podremos integrar recetas tradicionales que en nuestra familia se utilizaban y no deseamos olvidar. Al conocer la textura y versatilidad de cada proteína vegetal, podremos escoger la más indicada para aquella receta tan casera que puede nuestra madre, o abuela o tía nos hiciera en aquel día tan especial.

¡Os animo a practicar y a experimentar! Tan sólo recordaros que al utilizar proteínas vegetales, la cantidad de aliños y condimentos se reducirá a una cantidad más sutil y moderada. No hace falta utilizar tanto aceite, o sal o especias. Y con ello, podremos apreciar con más sensibilidad los sabores naturales de los ingredientes que utilizamos, sin necesidad de enmascararlos con gustos y efectos energéticos extremos.

El consumo habitual y regular de proteínas vegetales nos proporciona muchos beneficios de salud (pH alcalino, peso estable, salud cardiovascular, piel bonita, emociones más equilibradas, más serenidad).

Al comer proteínas vegetales, desearemos más cereales integrales y menos carbohidratos sin energía (patata, pan blanco…) y conseguiremos energía duradera, sin necesidad de recurrir a azúcar refinado y rápido, que nos generan energía falsa inmediata, desmineralización y pH ácido.

Algunas recetas fáciles en este libro, para empezar a conocer y cocinar el seitán:

– Macarrones con boloñesa de seitán
– Guiso de seitán a la canela
– Ensalada de arroz salvaje con seitán
– Cazuelita veraniega de seitán
– Sopa-estofado con seitán
– Ensalada de seitán con alioli de piñones
– Seitán con verduras a la plancha y dip de aguacate
– Seitán con cebollitas caramelizadas
– Seitán al horno con verduras dulces
– Bocadillos con seitán

Preguntas

1. ¿Cuántas veces a la semana puedo comer seitán?

Podemos consumir seitán 1-3 veces por semana. Puede que deseemos consumir-lo no sólo en las comidas, sino también en algún bocadillo de media mañana.

2. ¿Es difícil de digerir?

Excepto que suframos de intolerancia al gluten (en este caso no deberíamos de utilizarlo), el seitán no es difícil de digerir. De las proteínas vegetales, es la que más satisfacción nos aportará, por su textura densa y sabrosa. Especialmente para personas que han estado consumiendo proteína animal.

3. ¿Qué efectos energéticos tiene el seitán?

El seitán es un producto hecho de la harina del trigo o de la espelta. Los cereales nos refuerzan, revitalizan, nutren y nos aportan calor interior. De las proteínas ve-getales, es el de textura más densa y parecida a la carne.

4. ¿Cantidad por comida y por persona?

La cantidad estándar es de medio paquete por persona. Cuando comemos proteína vegetal hay que estar totalmente satisfechos, ya que si no comemos la suficiente, nos sentiremos insatisfechos y desearemos picar entre horas. Y al no entender el lenguaje energético de nuestro cuerpo, nos limitaremos a una sobre-dosis de pan, galletas, horneados, frutos secos, patatas fritas, etc., sin realmente entender lo que el cuerpo está pidiendo: nutrición y alimento.

5. ¿A qué edad se lo puedo introducir a mis hijos?

A partir de los 8-9 meses podemos introducirlo poco a poco a nuestro bebé, por supuesto no como única fuente de proteína, sino como variante.

Al principio debe remojarse con agua fría durante unos 30 minutos para poder desalarlo un poco. A partir del año de edad, no es necesario. Es una proteína vegetal y se puede digerir mucho mejor que los purés y papillas convencionales que se encuentran en el mercado con productos cárnicos y grasas saturadas.

6. ¿Qué formas son las más adecuadas para mis adolescentes?

En la adolescencia es el momento de crecimiento máximo. Hay un desgaste a todos los niveles (intelectual, físico, emocional…), se practican muchos deportes y se vive la vida al máximo.

En estos momentos tan importantes, hay que alimentar a nuestros hijos lo mejor posible dándoles calidad y cantidad. No pueden alimentarse tan sólo de leguminosas o de un trocito de tofu al día.

El seitán es la proteína vegetal con más densidad, más textura y con ella podemos hacer platos que sorprenderán y deleitarán a nuestros adolescentes. Podemos utilizar el seitán en las recetas que hasta ahora utilizábamos con proteína animal. Algunas formas que nuestros adolescentes aceptarán será en caldos, frito con salsa de tomate o de remolacha, a la plancha, rebozado, en libritos, en albóndigas, en canelones, lasaña, fideuá, con salsas, estofado, rustido, en brochetas, etc.

7. ¿Por qué a mi familia no le gusta el seitán?

Si han estado consumiendo gran cantidad de carnes y proteínas animales durante toda su vida, el hablarles de una carne vegetal puede que no sea una buena idea, ya que siempre se producen las comparaciones. Es mejor hablar del producto como algo único que es y cocinarlo de forma densa, sensorial, deliciosa, con aceite, con salsas, etc.

8. ¿Estaciones más propicias para utilizar el seitán?

Cualquier estación es propicia para utilizar y saborear el seitán.

9. ¿Puedo utilizar seitán en todas las recetas donde utilizaba carne?

Sí, sin ningún problema.

10. ¿Por qué cuando como seitán tengo hambre al cabo de un rato?

Puede que no se haya consumido la cantidad adecuada. Medio paquete por persona sería la medida estándar para quedar satisfecho. O puede que nuestro cuerpo todavía no esté acostumbrado a digerir y absorber nutrientes de las proteínas vegetales.

Hay que cocinarlo en formas que alimente y nutra. Solamente unas lonchas a la plancha no nos darán la satisfacción profunda de haber comido proteína.

11. **¿Por qué cuando como seitán quiero frutos secos después de la comida?**

La misma respuesta que la pregunta anterior.

12. **¿Se puede comer el seitán fresco, tal cual sale del paquete?**

Hay que mirar la fecha de caducidad primero. Pero en la práctica, si su fecha es la adecuada, podríamos comer seitán tal cual sale del paquete, ya que está bien cocinado, aunque recomiendo hacer recetas más sensoriales y nutritivas.

Si al abrir el paquete podemos apreciar un olor ácido fuerte, el seitán no está en buenas condiciones y hay que devolverlo. A veces, debido al desconocimiento por no haber consumido anteriormente esta clase de proteínas, algunas personas consumen estos productos en malas condiciones. Hay que vigilar y pedir calidad.

13. **¿Con qué alimentos no es compatible el seitán?**

Como el seitán proviene del cereal, es muy diferente energéticamente al tofu, podríamos decir que puede mezclarse con casi todos los alimentos de origen vegetal: cereales, pasta, leguminosas para hacer un plato suculento de proteína, con verduras de todas clases, en ensaladas, sopas, con algas, con especias, hierbas aromáticas, etc. Por supuesto no vamos a utilizarlo para postres.

14. **¿Es el seitán una proteína vegetal muy procesada?**

En absoluto, se puede elaborar en casa perfectamente. Y realmente vale la pena probarlo al menos una vez para ver lo fácil, rico y barato que es hacer el seitán. Tan sólo necesitamos harina de buena calidad.

15. **¿Por qué tenemos que comer seitán si no es un alimento originario del país?**

Sabemos que el seitán es un producto hecho con harina de trigo o espelta, por lo que sí es un producto local aunque no sea un modo de elaboración tradicional. Podemos conseguir una proteína natural vegetal que sustituya a nivel sensorial y de textura a la carne, ¿por qué no usarla?

Por supuesto podemos vivir sin él, pero limitar la fuente proteica a tan sólo legumbres y frutos secos es una forma rápida de debilitarnos y no dar a nuestro cuerpo la variedad y nutrición que necesita.

Creo que es un alimento útil en nuestra cocina vegetariana, que nos aportara alimento y satisfacción, incluso a nivel emocional.

16. **¿Es fácil hacer seitán en casa?**

¡Muy fácil! (*Véase* capítulo 1, «Fabricación casera del seitán»). Os recomiendo hacer seitán por lo menos una vez, para que veáis que es un proceso fácil y totalmente natural.

17. ¿Cuánto tiempo se conserva en el paquete después de comprarlo?

Si el paquete está sellado y sin abrir, puede conservarse en la nevera varias semanas. Después de abrir el paquete, el resto que queremos guardar es mejor colocarlo en un recipiente de vidrio o cerámica, cubrirlo con agua fresca y 1 cucharada de salsa de soja o tamari. Así se podrá conservar 2-3 días más.

Aunque me pregunto, ¿quién no puede consumir un paquete de seitán casi en una comida? Y si no es para la misma comida, para la siguiente.

La proteína vegetal es menos concentrada y hay que comer más cantidad. Si nos reprimimos mentalmente y controlamos la cantidad de proteína en cada comida, nos sentiremos insatisfechos y compensaremos sin lugar a dudas entre horas con tentempiés, pastelería, chocolates, etc., para ofrecer a nuestro cuerpo la nutrición que le hemos negado y deseaba.

18. Después de cocinarlo, ¿cuánto tiempo dura?

Si tenemos el placer y las ganas de elaborar nosotros mismos nuestro seitán, veremos primeramente que existe una diferencia con el comercial. Todo lo producido en pequeñas cantidades, por supuesto, tendrá una calidad y vida energética muy diferente al producido a nivel industrial.

Segundo, veremos con sorpresa la cantidad que podemos producir con tan sólo 1 kg de harina, tanto de trigo o de espelta.

Tercero, este seitán casero podemos guardarlo perfectamente en la nevera en un tarro de vidrio hermético entre 10 días y 2 semanas e ir consumiéndolo en pequeñas cantidades a medida que lo necesitemos. Por supuesto, siempre guardado con el líquido de haberlo cocido y con el alga.

19. ¿Tiene el seitán el mismo contenido de proteína que la carne?

El seitán es una proteína vegetal, por lo tanto muy diferente a la de carne, y por descontado mucho más beneficiosa, ya que no contiene grasas saturadas.
Su concentración de proteína es menor que la de la carne, ya que posee otras cualidades, especialmente carbohidratos de buena calidad. No hay que compararlo a la carne, es un alimento completamente diferente.

Cuando decidamos comer seitán en una comida como parte de proteína vegetal, hay que comer más cantidad (½ paquete por persona, el equivalente a 3-4 rodajas gruesas), además de nuestra porción de cereales integrales, verduras, algas, semillas, germinados…

20. ¿Qué diferencia hay entre el seitán y las otras proteínas derivadas de la soja texturizada?

Mientras que el seitán es un proceso totalmente natural (véase capítulo 1, «Fabricación casera de seitán»), la obtención de proteínas de soja texturizadas son procesos totalmente artificiales, en los que intervienen muchísimos ingredientes para poder dar el resultado final en gusto, textura, color que la gente espera como sustituto de la carne. ¡Tan sólo hay que leer la lista interminable de ingredientes y todos sus conservantes, aditivos y colorantes!

Si realmente lo que pretendemos es generar salud, claridad y vitalidad en nuestras vidas, comer de nuevo algo «alternativo artificial» no es el camino de conseguirlo. ¡Mejor quedarnos con unas lentejas o un puñado de almendras!

21. **¿Personas con alergias/intolerantes al gluten/celiacos, pueden comer seitán?**

No se puede comer seitán en estos casos. Mejor adaptar nuestra alimentación natural y vegetariana al consumo de las otras proteínas: gran variedad de legumbres, tempeh, tofu, semillas, frutos secos… También complementado con un poco de pescado y huevo si fuera necesario.

22. **¿El seitán engorda?**

Ninguna proteína de origen vegetal nos va a engordar, ya que no son grasas saturadas, que se acumulan y solidifican en nuestro cuerpo como las proteínas de origen animal (carnes rojas, embutidos, aves, huevos y lácteos).

Ingredientes

· 1 paquete de lasaña
· 1 paquete de seitán
· 3 zanahorias ralladas
· 1 cebolla picada fina
· 2 hojas de laurel
· 1 taza de champiñones cortados en láminas
· 3 c.s. de piñones ligeramente tostados
· una pizca de sal
· perejil picado fino
· aceite de oliva
· salsa de soja o tamari
· 1 c.s. de albahaca seca
· 1 c.s. de tomillo o romero

Bechamel:

· 2 cebollas
· ½ coliflor
· aceite de oliva
· sal marina
· nuez moscada
· miso blanco
· leche de arroz
· polvo de almendras

Lasaña con seitán y piñones

- Picar el seitán muy finamente.
- Saltear la cebolla con aceite de oliva y una pizca de sal y el laurel durante 10 minutos sin tapa a fuego medio/bajo.
- Añadir los champiñones saltearlos durante 5-7 minutos con unas gotas de salsa de soja o tamari.
- Añadir la zanahoria, el seitán y las hierbas aromáticas. Tapar y cocinar a fuego lento durante 15-20 minutos, hasta obtener una masa bastante seca. Agregar los piñones y el perejil, mezclar bien.
- Cocer las láminas de lasaña con abundante agua hirviendo, una pizca de sal marina y sin tapa. Mirar el tiempo de cocción en el paquete. Retirar, lavar con agua fría y escurrir.
- Confeccionar una salsa de bechamel bien espesa.
- Saltear las cebollas con el aceite y una pizca de sal marina durante 10-12 minutos sin tapa a fuego medio/bajo.
- Añadir la coliflor, agua que cubra la mitad del volumen de las verduras, otra pizca de sal marina y nuez moscada al gusto.
- Tapar y cocer a fuego medio bajo durante 15-20 minutos. Hacer puré. Equilibrar su espesor y gusto, añadiendo leche de arroz, más nuez moscada y una pizca de miso blanco (opcional).
- Pincelar una bandeja con un poco de aceite de oliva, añadir una capa de lasaña, luego el relleno y un poco de bechamel. Seguir haciendo capas, terminando con lasaña y bechamel. Espolvorear con almendra rallada y hornear durante 15 minutos, hasta que la superficie esté gratinada y dorada. Servir caliente.

Ingredientes

· 1 manojo de espárragos verdes troceados
· 1 zanahoria cortada en cerillas finas
· ½ paquete de seitán cortado en tiras finas
· una pizca de sal marina
· unas gotas de salsa de soja o tamari
· 2 c.s. de aceite de oliva
· 1 c.s. de jugo fresco de jengibre (rallado y escurrido)
· 1 c.p. de jugo concentrado de manzana
· unas gotas de aceite de sésamo tostado
· 3 c.s. de maíz
· 1 c.s. de semillas de sésamo lavadas y ligeramente secadas

Salteado de espárragos verdes con seitán y verduras

- Saltear en una sartén las zanahorias y los espárragos, con unas gotas de salsa de soja o tamari, durante 4-5 minutos.
- Añadir el seitán, condimentar con el jugo de jengibre, unas gotas de aceite de sésamo tostado y el concentrado de manzana, cocinar 5-6 minutos más.
- Decorar con el maíz y las semillas de sésamo. Servir caliente.

Pisto con seitán

- Pasar por la plancha los tacos de seitán con unas gotas de aceite de oliva.
- Saltear los puerros y el ajo con una buena pizca de sal sin tapa durante 7 minutos.
- Añadir el pimiento rojo, los tacos de seitán, el calabacín, el tomillo y el concentrado de manzana. Cocer a fuego lento durante 20-25 minutos más. Servir.

2-3 personas

Ingredientes

- · 1 paquete de seitán cortado en tacos medianos
- · 2 puerros cortados finos
- · ½ ajo picado fino
- · 1 pimiento rojo (lavado, asado, pelado y cortado fino)
- · 2 calabacines cortados en medias rodajas gruesas
- · 2 zanahorias cortadas en rodajas finas
- · 1 c.s. de jugo de manzana concentrado
- · aceite de oliva
- · sal marina
- · una ramita de tomillo fresco

Macarrones con boloñesa de seitán

2-3 personas

Ingredientes

- ½ paquete de macarrones integrales
- ½ paquete de seitán cortado en cubos pequeños
- aceite de oliva virgen extra
- sal marina
- perejil fresco cortado fino

Salsa de remolacha:

- 2 cebollas cortadas finas
- ½ diente de ajo picado fino
- 6 zanahorias cortadas en rodajas finas
- 1 remolacha cocida cortada en cubos pequeños
- 2 c.s. de aceite de oliva
- 1 c.c. de albahaca seca
- sal marina
- 1 c.s. de vinagre de umeboshi
- 2 c.s. de jugo de manzana concentrado

- Saltear las cebollas y el ajo con un poco de aceite de oliva y una pizca de sal sin tapa a fuego medio durante 10-12 minutos.
- Añadir las zanahorias, la albahaca seca y un fondo de agua. Tapar y cocer a fuego bajo durante 15-20 minutos.
- Hacer puré las verduras, si hubiera mucho líquido, retirar un poco e ir añadiendo remolacha hasta obtener el color deseado. Aliñar con el vinagre y el concentrado de manzana al gusto. Tiene que quedar una salsa espesa.
- Hervir los macarrones en abundante agua y una pizca de sal marina. Para comprobar si están ya bien cocidos, cortar un trozo de la pasta. Si son del mismo color por dentro y por fuera, ya están listos para lavar con agua fría. Escurrir.
- Hacer a la plancha el seitán con un poco de aceite, hasta que su consistencia sea más crujiente. Secar sobre papel absorbente unos minutos.
- Al momento de servir, mezclar con cuidado el seitán con la salsa y los macarrones. Decorar con perejil.

Ingredientes

· 1 paquete de seitán cortado
  en trozos medianos
· 10-15 cebollitas pequeñas
  o 2 grandes cortadas en cuartos
· ¹/₃ de calabaza dulce (pelada
  y cortada en cubos medianos)
· 1 tira de alga kombu
· 1 rama de canela
· 2 c.s. de aceite de oliva
· tomillo fresco
· sal marina

Guiso de seitán a la canela

- Saltear las cebollitas o los cuartos de cebolla con el aceite de oliva y una pizca de sal marina durante 5-7 minutos.
- Añadir la tira de alga kombu, el seitán, la calabaza, la canela, el tomillo y un fondo de agua. Tapar y cocer a fuego medio durante 30 minutos.
- Servir.

Ensalada de arroz salvaje con seitán

- Lavar juntos los dos tipos de arroz, colocarlos en una olla con el agua fría y una pizca de sal marina.
- Tapar, hervir y reducir el fuego al mínimo. Cocer durante 35-40 minutos con una placa difusora.
- Saltear las zanahorias y el calabacín con aceite de oliva y unas gotas de salsa de soja o tamari, durante 5-6 minutos. Añadir los tacos de seitán. Mezclar bien.
- Añadirle el arroz ya cocido, las avellanas y decorar con perejil. Servir.

3-4 personas

Ingredientes

- 1 taza de arroz integral de grano medio
- 3 c.s. de arroz salvaje
- 2 ⅓ tazas de agua fría
- 1 bloque de seitán cortado en tacos medianos
- 3 zanahorias cortadas en cuadritos
- 1 calabacín cortado en medias rodajas
- aceite de oliva
- salsa de soja o tamari
- perejil cortado fino
- 2-3 c.s. de avellanas tostadas troceadas

Ingredientes

· 1 kg de harina blanca
· ½ kg de harina tamizada
· perejil

Macerado:

· 1 vaso de agua
· 4 c.s. de salsa de soja o tamari
· 3 hojas de laurel
· 1 ramita de tomillo
· 2 ajos pelados y picados
· 2 c.s. de jugo concentrado
  de manzana
· 2 c.s. de aceite de oliva

Cocción:

· 3 cebollas grandes cortadas finas
· 2 tiras de alga kombu
· aceite de oliva
· una pizca de sal marina
· fécula de maíz ecológica (espesante)

Relleno:

· 1 paquete de tofu ahumado cortado
  en tiras gruesas
· 1 pimiento rojo (lavado, asado,
  pelado y cortado en tiras)
· 1 manojo de judías verdes
· 3 zanahorias cortadas en tiras
  gruesas
· cordel de cocina para el rustido

Redondo de seitán relleno

- Confeccionar el seitán (*véase* capítulo 1, «Fabricación casera del seitán», puntos del 2 al 5).

Macerar y enrollar:
- Colocar esta masa elástica cruda (gluten) en un recipiente plano y cubierta completamente con el líquido del macerado durante varias horas o toda la noche si se desea.
- Estirar la masa con cuidado en una superficie plana, hasta obtener una forma rectangular (si hubiera mucha masa, cortarla en dos). Empezar a colocar alternativamente los ingredientes del relleno: tiras de tofu, pimiento rojo, judías verdes y zanahorias.
- Enrollar un poco y colocar más de relleno, y así hasta terminar de enrollar. Sellar la masa elástica. Con el cordel de cocina, atar tipo rustido y hacer un nudo.

Cocción:
- Saltear las cebollas con un poco de aceite de oliva y una pizca de sal marina, sin tapa y durante 10-12 minutos a fuego medio/bajo.
- Añadir todo el líquido del macerado, las hierbas aromáticas y el alga kombu. Llevar a ebullición.
- Con cuidado, añadir el redondo de seitán. Dejar cocer unos minutos y darle la vuelta para que no se pegue. Tapar y dejar cocer a fuego medio/bajo durante 1 hora. Si faltara líquido, añadir más (la cantidad del líquido debería casi cubrir el redondo).
- Transferir el redondo de seitán a una bandeja y dejar reposar y enfriar un poco, quitar el cordel y cortar en rodajas gruesas. Cortar y servir también el alga kombu cocida.
- Retirar el laurel y el tomillo. Pasar por la batidora el líquido de cocción para obtener una salsa de consistencia fina. Calentarla y añadir un poco de fécula de maíz (diluida con un poco de agua fría), remover constantemente 2-3 minutos hasta que espese. Verter con cuidado la salsa encima de las rodajas de seitán y servir. Decorar con perejil.

Libritos de seitán rellenos con salsa de avellanas

- Cortar el seitán en lonchas gruesas y abrirlas con cuidado para hacer libritos.
- Cortar finamente el tofu y rellenar cada librito de seitán con una loncha de tofu.
- Hacer los libritos a la plancha por los dos lados con cuidado. Colocarlos en una bandeja para servir.
- Saltear las cebollas con un poco de aceite y una pizca de sal marina durante 10 minutos sin tapa a fuego medio/bajo.
- Añadir un fondo de leche de arroz y el laurel. Tapar y cocer a fuego lento durante 15-20 minutos. Añadir el miso blanco y las avellanas. Batir hasta que quede una salsa espesa.
- Verter esta salsa caliente encima de los libritos. Decorar con albahaca fresca y servir.

2-3 personas

Ingredientes

- 1 paquete de seitán
- 1 paquete de tofu ahumado
- 4 cebollas cortadas finas
- aceite de oliva
- una pizca de sal marina
- leche de arroz
- 2 c.s. de avellanas (tostadas, peladas y troceadas)
- 1 hoja laurel
- 1 c.p. de miso blanco
- albahaca fresca para decorar

Ingredientes

- · 2 puerros cortados finos
- · 3 zanahorias cortadas (método rodado)
- · 2 boniatos pelados y cortados en trozos grandes
- · ¼ de col blanca troceada grande
- · 1 paquete de seitán cortado en cubos
- · 2 tiras de alga wakame
- · 3-4 rodajas finas de jengibre fresco
- · 1 c.s. de genmai miso
- · 2 c.s. de aceite de oliva
- · sal marina
- · cebollino crudo cortado fino para decorar

Sopa-estofado con seitán

- Saltear los puerros con el aceite de oliva y una pizca de sal marina durante 5-7 minutos.
- Añadir el resto de las verduras y el seitán, junto con el alga, el jengibre y agua que cubra la mitad de las verduras. Tapar y cocer a fuego medio/bajo durante 30 minutos.
- Disolver el miso con un poco del jugo del estofado y añadirlo a la sopa (sin que hierva). Cocer a fuego lento 2 minutos más y servir con el cebollino.

Fideuá rápida con seitán

- Hacer rápidamente a la plancha las tiras de seitán con un poco de aceite de oliva hasta que estén crujientes.
- Calentar una cazuela grande, añadir un poco de aceite y pochar la cebolla y el ajo con una pizca de sal marina sin tapa durante 10 minutos. Añadir el tomate troceado y el laurel, tapar y cocer a fuego medio/bajo durante 15-20 minutos más.
- Añadir al sofrito los fideos, las tiras de pimiento rojo y una buena pizca de sal y agua hasta que lo cubra totalmente. Tapar parcialmente y cocer a fuego bajo, hasta que todo el líquido se haya evaporado (aprox. 7-10 minutos). Si se desea más caldoso, añadir más líquido.
- Añadir las tiras de seitán. Mezclar bien y servir con perejil picado crudo.

Consistencia de los fideos: La cantidad de agua puede variar de acuerdo a los gustos personales, más secos o más caldosos.

2-3 personas

Ingredientes

- · 1 vaso de fideos (tostarlos en una sartén con unas gotas de aceite)
- · 1 paquete de seitán cortado en tiras finas
- · 2 cebollas cortadas finas
- · ½ ajo picado fino
- · 3 tomates maduros (escaldados, pelados y troceados)
- · 1 pimiento rojo (lavado, asado, pelado y cortado en tiras finas)
- · aceite de oliva
- · sal marina
- · laurel
- · perejil picado crudo

Ingredientes

· Lechugas variadas
· 1 paquete de seitán cortado
  en tiras finas
· 1 calabacín cortado en rodajas finas
· 2-3 c.s. de aceitunas rellenas
· 1 zanahoria cortada en cerillas finas
· varios *gherkins* cortados en rodajas
  (opcional)
· salsa de soja o tamari

Aliño:

· $1/3$ de ajo picado fino
· 4 c.s. de piñones ligeramente
  tostados
· 2 c.s. de aceite de oliva
· una pizca de sal marina
· ½ c.p. de pasta de umeboshi
· $1/3$ de taza de leche de arroz
· 1 c.s. de jugo de manzana
  concentrado

Ensalada de seitán con alioli de piñones

- Pasar por la plancha rápidamente las tiras de seitán con un poco de aceite y unas gotas de salsa de soja o tamari. Reservar y dejar enfriar.
- Colocar todos los ingredientes para la ensalada en una fuente para servir. Colocar encima de la ensalada el seitán a la plancha.
- Batir bien los ingredientes del aliño. Colocarlo en un bol y servirlo acompañado de la ensalada.

Seitán con cebollitas caramelizadas

2-3 personas

Ingredientes

· 1 ½ paquete de seitán cortado
  en cubos grandes
· 15-20 cebollitas pequeñas peladas
  enteras
· aceite de oliva
· 3-4 rodajas finas de jengibre fresco
· 3 c.s. de salsa de soja o tamari
· 3 c.s. de jugo concentrado
  de manzana

- Hacer los cubos de seitán a la plancha con un poco de aceite de oliva. Retirarlos.
- En la misma sartén, añadir las cebollitas enteras y saltearlas 2-3 minutos constantemente. Si no hubiera quedado aceite, añadir unas gotas.
- Añadir el seitán, las rodajas de jengibre, agua que cubra la mitad del volumen de las verduras, la salsa de soja o tamari y el jugo concentrado de manzana. Llevar a ebullición. Reducir el fuego al mínimo y cocer hasta que todo el líquido se haya evaporado totalmente. Servir.

Seitán con verduras a la plancha y dip de aguacate

- Macerar el calabacín con una pizca de sal marina y otra de albahaca seca durante 30 minutos. Lavar, escurrir y secar bien.
- Hervir la mazorca de maíz fresca con una pizca de sal unos 20 minutos. Cortar en rodajas.
- Hacer al vapor las zanahorias durante 10 minutos.
- Calentar una sartén grande o plancha, añadir aceite de oliva y hacer a la plancha las verduras: zanahorias, mazorcas, calabacines, remolacha, espárragos y el seitán. Añadir unas gotas de salsa de soja o tamari.
- Para hacer el dip, batir todos los ingredientes hasta obtener una crema espesa.
- Colocarlo atractivamente en una fuente y servir con el dip de aguacate.

3 personas

Ingredientes

- 1 paquete de seitán cortado en lonchas medianas
- 6 zanahorias lavadas y cortadas por la mitad a lo largo
- 2 calabacines cortados en rodajas
- 1 paquete de remolacha cocida cortada en rodajas
- 1 mazorca de maíz
- 1 paquete de espárragos frescos (cortada su parte inferior dura)
- aceite de oliva
- albahaca seca
- salsa de soja o tamari

Dip:
- 1 aguacate maduro
- zumo de limón
- 1 c.c. de pasta de umeboshi
- 2 c.s. de aceite de oliva
- 2-3 c.s. de agua

Ingredientes

· 1 ½ bloque de seitán cortado
  en cubos
· 3 cebollas cortadas en cuartos
· 3 nabos y 3 zanahorias cortadas
  (método rodado)
· ½ taza de guisantes verdes
· aceite de oliva
· sal marina
· algunas hebras de azafrán
  (ligeramente tostado)
· 1 hoja de laurel

Seitán con guisantes al azafrán

- Saltear las cebollas con un poco de aceite de oliva y una pizca de sal marina a fuego medio/bajo durante 5-6 minutos sin tapa.
- Añadir el seitán, las verduras, el laurel, el azafrán y 1 taza de agua. Tapar y cocer a fuego medio/bajo durante 20-25 minutos.
- Hervir los guisantes con una pizca de sal durante 5-7 minutos. Lavar con agua fría y escurrir bien.
- Decorar con los guisantes verdes y servir.

Salteado de seitán con menta y naranja

- Saltear las cebollas con aceite de oliva y una pizca de sal sin tapa a fuego medio/bajo durante 10-12 minutos. Añadir el seitán.
- Hervir las verduras durante 2-3 minutos. Lavar con agua fría y escurrir.
- Añadirlas al salteado. Saltear unos minutos, añadiendo varias gotas de salsa de soja o tamari al gusto.
- Mezclar la menta, la ralladura, las semillas y unas gotas de aceite de sésamo tostado (opcional). Mezclar bien y servir.

2-3 personas

Ingredientes

- · 1 bloque de seitán cortado en tiras finas
- · 2 cebollas cortadas finas
- · 3 zanahorias cortadas finas en cerillas
- · 1 manojo de tirabeques
- · judías verdes o espárragos troceados
- · 1 c.s. de semillas de calabaza ligeramente secadas
- · aceite de oliva
- · aceite de sésamo tostado (opcional)
- · sal marina
- · salsa de soja o tamari
- · menta fresca picada fina
- · 1 c.s. de ralladura de naranja

Alcachofas con seitán al horno

Ingredientes

- 3 alcachofas limpias y cortadas en 4-6 gajos cada una (añadir unas gotas de zumo de limón para evitar que se oxiden)
- 1 paquete de seitán cortado en lonchas finas
- 1 cebolla cortada en anillos
- 2 zanahorias cortadas finas
- 1 ramita de romero fresco
- 2 hojas de laurel

Aderezo:

- 3 c.s. de salsa de soja o tamari
- 2 c.s. de jugo concentrado de manzana
- 1 c.s. de aceite de sésamo tostado o 2 c.s. de aceite de oliva

- Mezclar el seitán y las verduras. Distribuirlo en 3 hojas de papel vegetal y añadir las hierbas aromáticas.
- Mezclar los ingredientes del aderezo y verterlo por igual sobre las verduras.
- Cerrar bien los paquetes con las verduras sellando los bordes y colocarlos en una bandeja de horno. Cocer en el horno precalentado medio/alto durante 35 minutos. Servir caliente.

Seitán con castañas y piñones

- Hacer las lonchas de seitán a la plancha con un poco de aceite de oliva. Reservar.
- Saltear las cebollas con un poco de aceite, una pizca de sal y el laurel durante 10 minutos sin tapa, y luego tapado unos 20 minutos más a fuego bajo, para que se vayan caramelizando poco a poco.
- Añadir las lonchas de seitán y las castañas cocidas, unas gotas de salsa de soja o tamari y jugo concentrado de manzana al gusto, dejar unos 10-15 minutos más que se vayan amalgamando los gustos.
- Servir con los piñones y perejil cortado fino.

3-4 personas

Ingredientes

- · 1 ½ paquete de seitán cortado en lonchas
- · 3 cebollas (cortadas finas)
- · aceite de oliva
- · una pizca de sal
- · 1 taza de castañas peladas y cocidas
- · 1 hoja de laurel
- · 1-2 c.s. de salsa de soja o tamari
- · 1 c.s. de jugo concentrado de manzana
- · 3 c.s. de piñones (ligeramente tostados)
- · perejil cortado fino

Ingredientes

- · 1 paquete de seitán cortado en lonchas
- · 1 puerro (cortado fino en diagonal)
- · 3 zanahorias (cortadas en rodajas en diagonal)
- · hinojo (cortado en láminas)
- · ¼ de calabaza (cortada en cubos)
- · romero
- · aceite de oliva
- · tamari/salsa de soja

Seitán al horno con verduras dulces

- Hacer las lonchas de seitán a la plancha.
- Mezclar las verduras y el seitán a la plancha en una bandeja, condimentar con las hierbas aromáticas, el aceite y el tamari/salsa de soja.
- Cocinar al horno a 180 °C unos 40 minutos. Servir.

Ingredientes

· 1 paquete de seitán cortado
  en cubos
· 1 pepino cortado en cubos
· 4-6 tomates cherry cortados
  por la mitad
· ½ bandeja de champiñones lavados
  y cortados en cuartos
· ½ taza de olivas negras
· aceite de oliva
· salsa de soja o tamari

Macerado:
· ½ taza de agua
· 1 c.p. de mostaza natural
· varias rodajas de cebolla roja
· 2 c.s. de aceite de oliva y/o
  1 c.c. de aceite de sésamo tostado
· 2 c.s. de salsa de soja o tamari
· 2 c.s. de zumo concentrado
  de manzana
· 2-3 c.s. cilantro fresco picado fino

Cazuelita veraniega de seitán

- Mezclar los ingredientes del macerado y macerar el seitán, el pepino y los tomates durante 1 hora.
- Saltear los champiñones con aceite y unas gotas de salsa de soja o tamari, hasta que todo su jugo se haya evaporado. Dejar enfriar.
- Mezclar los champiñones salteados fríos, el seitán, el pepino, los tomates, las olivas y las rodajas de cebolla macerada.
- Utilizar el líquido del macerado para el aliño. Servir.

BOCADILLOS CON SEITÁN
❖ Rebozado

- Hacer la pasta para el rebozado combinando la harina con la sal y el agua. Dejarlo enfriar en la nevera durante media hora (opcional).
- Calentar suficientemente el aceite. Pasar seitán por la pasta del rebozado y por el pan rallado. Freírlo unos minutos hasta obtener una consistencia crujiente. Escurrir con el papel absorbente.
- Untar el pan integral con mayonesa de tofu, añadir el acompañamiento de las verduras y el seitán rebozado. Servir.

2 personas

Ingredientes

· 1 paquete de seitán cortado en rodajas finas

Rebozado:
· harina semiintegral tamizada
· sal marina
· agua con gas
· pan rallado

Acompañamientos para el bocadillo:
· hojas de lechuga
· rúcula
· *gherkins* cortados finos
· germinados de alfalfa
· mostaza natural

Untar en el pan integral:
mayonesa de tofu

Ingredientes

· 1 paquete de seitán cortado
  en lonchas finas
· aceite de oliva

**Acompañamientos
para el bocadillo:**
  · hojas de lechuga y germinados
    de alfalfa

Untar el pan integral:
  · salsa al pesto

Pesto:
· ½ taza de albahaca fresca
· ½ taza de perejil (todo picado fino,
  retirar primero los troncos duros)
· ½ diente de ajo picado fino
· 1 c.s. de aceite de oliva
· ½ c.p. de pasta de umeboshi
· 2 c.s. de miso blanco
· ½ taza de polvo de almendras

❖ A la plancha con salsa al pesto

- Mezclar todos los ingredientes del pesto y añadir un poco de agua para conseguir la consistencia deseada.
- Calentar una sartén con unas gotas de aceite de oliva. Añadir las lonchas de seitán y cocinarlas por los dos lados unos minutos.
- Untar el pan integral con un poco de salsa al pesto, añadir el acompañamiento de verduras y el seitán a la plancha. Servir.

Capítulo 9

El tempeh

Formas básicas de cocción ▬▬▬▬▬▬

Existen en el mercado muchas clases de tempeh: cocido, crudo, macerado… y presentado en diferentes formas (barritas, tipo salchicha, en brochetas, etc.). Tenemos que investigar y preguntar cuáles están crudos y cuales están ya cocidos para poderlos consumir directamente.

Es importante que el tempeh fresco, crudo, se cocine antes de su consumo.

No recomiendo hacerlo a la plancha sin antes efectuar la forma de precocción estándar.

Por su proceso de elaboración y fermentación, la legumbre no se ha cocido el tiempo suficiente para que esté completamente blanda, muchas veces podemos ver en los bloques de tempeh la legumbre todavía crujiente. Por esta razón hay que hacer la precocción estándar y así podremos beneficiarnos de las cualidades de esta excelente proteína vegetal.

Forma de precocción estándar

- ❖ Cortar el bloque de tempeh crudo en varios trozos, añadir agua que cubra la mitad de su volumen junto con salsa de soja o tamari (1-2 cucharadas soperas por bloque de tempeh), una tira de alga (preferiblemente wakame o kombu) y una hojita de laurel (opcional).
- ❖ Tapar y llevar a ebullición. Bajar el fuego y cocer a fuego medio/bajo durante 20 minutos.
- ❖ Ya está listo para poderlo pasar por la plancha, saltearlo con verduras, freírlo, rebozarlo, etc.

Aclaraciones y sugerencias:
- ❖ Es importante utilizar una tira de alga para combinar la proteína (tempeh) con minerales (algas) y así hacer más asimilable y digestible el tempeh.
- ❖ Como el tiempo de precocción es muy corto (aprox. 20 minutos), si utilizamos el alga kombu, todavía no estará tierna para su consumo. Podemos guardarla para otra cocción.
- ❖ Si deseamos comer el alga junto con el tempeh, podemos utilizar el alga kombu que ya haya sido cocida antes (en caldo o consomés…), o utilizar otra alga menos dura como el wakame.
- ❖ La cantidad de líquido también es importante. Recomiendo utilizar sólo la necesaria para cubrir la mitad del volumen del tempeh. Tapar bien y cocinar con

suficiente llama para generar vapor. Si utilizamos gran cantidad de agua, el sabor del tempeh quedara diluido en el líquido.

- ❖ Lo normal es que al terminar de cocer el tempeh, el líquido casi se hubiera evaporado.
- ❖ Al efectuar la precocción, podemos utilizar alguna hierba aromática (laurel, tomillo…).
- ❖ Si deseamos hacer un estilo de cocción largo, como estofado, horno, salteado largo…, no necesitamos precocerlo.
- ❖ Para obtener un plato más sabroso y suculento, podemos freír los trozos de tempeh crudos y luego cocerlos en una cocción larga, como estofado, etc.
- ❖ Tan sólo utilizaremos el tempeh sin cocer en la preparación denominada queso de tempeh, el bloque cortado por la mitad y cubierto con miso blanco. Dejar absorber las cualidades del miso blanco durante un día en la nevera. Seguidamente, se retira el miso blanco (que puede utilizarse para hacer más queso de tempeh mezclándolo con miso blanco fresco). Este tempeh se lava ligeramente, se seca y se pasa por la plancha muy rápidamente y está listo para saborearlo.
- ❖ El tempeh también se puede macerar antes de cocerlo para hacerlo más sabroso. Aunque siempre deberá cocinarse después (precocción estándar).

Sus efectos energéticos

Recomendamos cocinar el tempeh siempre, ya que crudo podría causar problemas digestivos: gases, flatulencias, hinchazón de intestinos, indigestión… (todos los síntomas de consumir una leguminosa sin haberse cocinado propiamente).

No utilizaremos el tempeh en postres o mezclado con frutas frescas ni secas, endulzantes, con exceso de especias o de vinagres. Estas combinaciones carecen totalmente de equilibrio energético y producirán problemas digestivos, tanto a corto como a largo plazo.

El tempeh es una proteína fermentada y como tal su apariencia exterior es de color blanquecino y negro, producto de un buen proceso de fermentación.

En caso de que apareciera un color diferente –rosado, naranja…–, significaría que la fermentación no es la adecuada y es recomendable de no consumirlo. Es importantísimo siempre ver la fecha de caducidad.

Es una de las proteínas vegetales más nutritivas. En la actualidad podemos encontrar tempeh de soja y también tempeh de garbanzos. Se puede consumir varias veces a la semana.

Incluyendo tempeh

El tempeh tiene un sabor muy especial y una textura única, muy diferente a lo que en los países occidentales estamos acostumbrados. Podríamos decir que es la proteína a la que nos podría costar más adaptarnos. Pero una sugerencia es no desistir, probar diferentes platos y poco a poco podremos observar tanto en nosotros como en nuestra familia unos resultados sorprendentes. Podemos usarlo en:

- ❖ Platos con cereales y pasta: paellas, risottos, fideuá, lasaña, canelones, toda clase de pasta, para rellenos, ensaladas con cereales o pasta…
- ❖ Con tofu o seitán: en brochetas, en albóndigas, croquetas, hamburguesas…, aunque como el tempeh es ya de textura más densa, no necesitamos mezclarlo con otra proteína.
- ❖ Con algas: es particularmente beneficiosa su combinación.
- ❖ Con toda clase de verduras: tanto con verduras cocidas (guisos, cocidos, estofados, salteados largos y cortos, para rellenar verduras, al horno, parrilladas, papillotes, etc.) como en ensaladas.
- ❖ En bocadillos (*véase* en este capítulo).

Platos fáciles recomendados

A continuación mencionamos algunos platos fáciles de confeccionar, para personas principiantes que deseen integrar las proteínas vegetales en su alimentación diaria. Estas sugerencias las encontraréis en el apartado de recetas de cada una de las proteínas vegetales.

Sugiero empezar con recetas simples, y poco a poco practicar todas las del libro. Seguro que a cada cual, de acuerdo con sus gustos personales y únicos, le favorecerán más unas que otras.

Cuando ya tengamos soltura manejando y utilizando las proteínas vegetales, podremos integrar recetas tradicionales que en nuestra familia se utilizaban y no deseamos olvidar. Al conocer la textura y versatilidad de cada proteína vegetal, podremos escoger la más indicada para aquella receta tan casera que puede nuestra madre, o abuela o tía nos hiciera en aquel día tan especial.

¡Os animo a practicar y a experimentar! Tan sólo recordaros que al utilizar proteínas vegetales, la cantidad de aliños y condimentos se reducirá a una cantidad más sutil y moderada. No hace falta utilizar tanto aceite, o sal o especias. Y con ello, podremos apreciar con más sensibilidad los sabores naturales de los ingredientes que utilizamos, sin necesidad de enmascararlos con gustos y efectos energéticos extremos.

Algunas recetas fáciles en este libro, para empezar a conocer el tempeh:

– Croquetas caseras de tempeh
– Tempeh encebollado
– Tempeh a la plancha con salsa de remolacha
– Tempeh con salsa de almendras
– Guiso de verduras con tempeh
– Salteado corto con tempeh al sésamo
– Ensalada crujiente con tempeh frito
– Medallones de tempeh a la jardinera
– Paté de tempeh
– Tempeh en bocadillos

Preguntas

1. ¿Cuántas veces a la semana puedo comer tempeh?

Dos o tres veces a la semana.

2. ¿Es difícil de digerir?

No es difícil digerirlo si se cocina apropiadamente. Nunca se debe comer crudo. Hay que investigar si el tempeh que se ha comprado está crudo o cocido. Si está crudo hay que cocinarlo al menos 15-20 minutos con un poco de alga y unas gotas de salsa de soja o tamari.

3. ¿Qué efectos energéticos tiene el tempeh?

Como es una proteína derivada de la legumbre (sea soja o garbanzos) nos nutrirá.

Sus ventajas son: fácil digestión, cocción rápida, muy versátil a la hora de integrarlo en platos de proteína, no tiene gluten (todo el mundo lo puede comer), de sabor exquisito al habituarnos a su textura poco común en nuestro mundo occidental.

4. ¿Cantidad por comida y por persona?

Sugiero comer la mitad de bloque por persona y por comida. El comer muy poca proteína en la comida nos hará compensarlo en poco rato con tentempiés muy calóricos pero nada nutrientes.

5. ¿A qué edad puedo introducírselo a mis hijos?

A partir de los 7 meses podemos introducirlo a los bebés. Se cocina junto con las verduras del día y una tirita de alga (preferentemente wakame) y luego se hace puré. En la comida que hay tempeh como proteína, ya no es necesario utilizar otra.

6. ¿Qué formas son las más adecuadas para mis adolescentes?

Después de haberlo cocinado apropiadamente (forma estándar), podemos prepararlo de muy distintas y deliciosas formas: en croquetas, escalopas, en brochetas, a la plancha, rebozado, frito, integrado en platos de cereales (paellas, risottos), pasta, lasañas, fideuá, boloñesa, con verduras, ensaladas, algas, etc., también se puede utilizar desde crudo en estofados, al horno, etc.

7. ¿Por qué a mi familia no le gusta el tempeh?

Porque es una textura muy diferente a aquéllas a las que estamos acostumbrados en el mundo occidental.

También su sabor es muy característico, pero poco a poco nos vamos habituando a él, especialmente cuando dejamos de tomar lácteos y proteína animal de grasa saturada.

8. ¿Estaciones más propicias para utilizar el tempeh?

Durante todo el año, es una proteína muy versátil y puede muy fácilmente adaptarse a recetas para todas las estaciones y cambios meteorológicos.

9. ¿Por qué cuando como tempeh tengo hambre al cabo de un rato?

Por muchas razones:

❖ Porque nuestro cuerpo no esté todavía adaptado a alimentarse de proteína vegetal y al principio eche en falta las grasas saturadas y proteínas concentradas de origen animal.

❖ Porque no estemos tomando la cantidad apropiada.

❖ Porque no lo sepamos cocinar bien.

10. ¿Por qué cuando como tempeh quiero frutos secos después de la comida?

La misma respuesta que la anterior.

11. ¿Se puede comer el tempeh del paquete, tal cual?

Si esta ya cocinado, se puede calentar rápidamente y consumir.

Si esta crudo hay que cocinarlo previamente de la forma estándar ya indicada anteriormente.

12. ¿Con qué alimentos no es compatible el tempeh?

El tempeh no es compatible con alimentos dulces, especialmente frutas, endulzantes, melazas y exceso de especias, por lo que no se utilizará en postres.

También producirá conflictos digestivos combinado con otra leguminosa en la misma comida. Si ya tenemos problemas en digerir una leguminosa, ¡no podemos forzar a nuestro cuerpo a digerir dos a la vez!

13. ¿Es el tempeh una proteína vegetal muy procesada?

¡En absoluto! Todo el mundo debería hacer tempeh en casa al menos una vez, para poder observar la simplicidad del proceso.

14. ¿Por qué tenemos que comer tempeh si no es un alimento originario del país?

❖ En España podemos ya disfrutar de tempeh elaborado con garbanzos, una legumbre local y muy tradicional en nuestra cocina.

❖ Se podría elaborar tempeh de cualquier legumbre local del país donde vivamos. Aunque hay que saber hacer el proceso de forma impecable para obtener buenos resultados.

❖ Porque deseamos variedad en nuestra cocina vegetariana diaria.

❖ Porque el tempeh es muy fácil de digerir por su proceso de fermentación.

❖ Porque tiene mucha versatilidad para adaptarse a muchas recetas.

15. ¿Cuánto tiempo se conserva en el paquete después de comprarlo?

Es importante primeramente que observemos la fecha de caducidad. Si el paquete está sellado, puede guardarse en la nevera durante varias semanas. Luego podemos usar medio paquete/jarra en una comida y el resto guardarlo en la nevera para dentro de uno o dos días.

Otra opción es cocinar todo el paquete, guardar la mitad restante en el líquido y con el alga de cocinarlo. Al cabo de uno o dos días podemos utilizarlo en otra receta.

16. ¿Por qué el tempeh tiene este color blanquecino/negruzco como si fuera moho?

El tempeh es una proteína fermentada, y como tal su apariencia exterior es de color blanquecino y negro, producto de un buen proceso de fermentación.

En caso de que apareciera un color diferente –rosado, naranja–, significaría que la fermentación no es la adecuada y no es recomendable consumirlo.

17. ¿Por qué tengo gases después de haber comido tempeh?

Puede que no se haya cocinado y que se haya comido tal cual del paquete. Hay algunas clases de tempeh que ya están cocidos, pero otros hay que cocinarlos de la forma estándar que se indica en todas las recetas.

Puede que los intestinos estén débiles y que no se puedan asimilar las legumi-nosas sean de la clase que sean. En estos casos, cocinar el tempeh más tiempo o incluso cocinarlo a presión durante 15 minutos.

Podemos acompañarlo con verduras fermentadas naturalmente, como el chucrut, y no comer frutas ni dulces en la comida con el tempeh.

18. ¿Si como tempeh me va a engordar?

No. El tempeh es una proteína vegetal elaborada con legumbres. No posee grasas saturadas que coagulan y se amalgaman en nuestro cuerpo, como los productos de carnes animales. Podemos comer perfectamente tempeh varias veces a la semana y divertirnos creando más recetas e ideas para su consumo.

Croquetas caseras de tempeh

4 personas

Ingredientes

· 1 bloque de tempeh fresco
  (cortado en 6 trozos)
· 1 tira de wakame
· 1 c.s. de salsa de soja o tamari
· aceite
· 1 cebolla picada
· ¼ de diente de ajo picado fino
· una pizca de sal
· perejil (picado)
· comino en polvo
· fécula de maíz ecológica

- Cocer el tempeh 20 minutos con el alga, agua que cubra su volumen ⅓ y soja o tamari. Dejar enfriar un momento y escurrir el exceso de líquido en cada trozo. Triturarlo con un tenedor.
- Saltear la cebolla y el ajo con aceite y una pizca de sal durante 10-12 minutos. Añadirlo al tempeh, junto con el perejil y el comino. Mezclar bien y formar croquetas.
- Rebozarlas con un poco de fécula de maíz.
- Hacerlas a la plancha unos minutos por los dos lados. Secar sobre un papel absorbente y servirlas inmediatamente.

Brochetas de tempeh con verduras al agridulce

- Cocer el tempeh con agua que cubra ⅓ de su volumen, el alga kombu y la salsa de soja o tamari durante 20 minutos tapado.
- Hacer a la plancha los cubos de tempeh con un poco de aceite.
- Hervir las zanahorias y el brócoli durante 3 minutos con una pizca de sal. Lavar con agua fría y escurrir.
- En la misma agua, escaldar unos segundos los rabanitos. Colocarlos en un plato con unas gotas de vinagre de umeboshi, dejar enfriar.
- Para hacer la salsa, calentar los ingredientes, diluir la fécula de maíz con un poco de agua fría y añadirlo a la salsa, cocinar unos minutos hasta que espese.
- Alternar las verduras con el tempeh en brochetas de madera. Servir con la salsa.

2-3 personas

Ingredientes

· 1 bloque de tempeh fresco cortado en cubos medianos
· 1 tira de alga kombu
· 2 c.s. de salsa de soja o tamari
· aceite de oliva
· 2 zanahorias (cortadas en rodajas finas)
· ½ manojo de rabanitos cortados por la mitad
· 1 taza de flores de brócoli
· vinagre de umeboshi
· sal marina

Salsa:

· 3 c.s. de agua
· 2 c.s. de salsa de soja o tamari
· 2 c.s. de jugo concentrado de manzana
· 1 c.c. de aceite de sésamo tostado
· 2 c.s. de fécula de maíz

Ingredientes

· 1 paquete de tempeh cortado
  en tiras semigruesas
· 1 trozo de alga kombu
· 3 cebollas cortadas finas en medias
  lunas
· 1 hoja de laurel
· salsa de soja o tamari
· aceite y sal
· perejil picado

Tempeh encebollado

- Hervir el tempeh con agua que lo cubra, alga kombu, unas gotas de salsa de soja o tamari y laurel durante 20 minutos.
- Saltear las cebollas en una cazuela con aceite, laurel y una pizca de sal durante 10 minutos. Tapar y cocer a fuego lento durante 40-45 minutos, añadiendo un fondo de agua si hiciera falta para que no se pegue.
- Hacer las barritas de tempeh a la plancha con un poco de aceite, hasta que queden doradas por los dos lados. Secar sobre papel absorbente.
- Servir las barritas de tempeh con la cebolla confitada por encima y decorar con perejil.

Tempura de tempeh

2-3 personas

Ingredientes

- 1 bloque de tempeh fresco cortado en tiras semigruesas
- 1 tira de alga kombu
- 2 c.s. de salsa de soja o tamari
- 1 hoja de laurel

Tempura:

- ¼ de taza de harina semiintegral tamizada
- una pizca de sal marina
- agua con gas
- hierbas aromáticas secas al gusto
- ½ c.c. de cúrcuma
- 1 c.s. de fécula de maíz ecológica
- aceite para freír
- nabo o rabanito rallado

- Cocer el tempeh con agua que cubra la mitad de su volumen junto con el alga kombu, la salsa de soja o tamari y el laurel durante 20 minutos.
- Dejar enfriar un poco y escurrir cada trozo (siempre retiene líquido)
- Mezclar los ingredientes de la pasta para la tempura. Ir añadiendo agua con gas hasta obtener una consistencia espesa pero ligera. Enfriar en la nevera media hora.
- Calentar el aceite en una sartén. Sumergir cada trozo de tempeh en la pasta del rebozado e inmediatamente en el aceite caliente. Freír unos minutos, hasta que la masa de harina quede crujiente y dura.
- Escurrir en un papel absorbente el exceso de aceite y servir inmediatamente con nabo o rabanito rallado para ayudar a digerir el frito.

Ingredientes

· 1 bloque de tempeh cortado
  en varios trozos
· 1 tira de alga wakame
· 2 c.s. de salsa de soja o tamari
· 2 cebollas picadas finas
· 3 zanahorias ralladas finas
  (escurridas)
· ½ diente de ajo picado fino
· 1 c.c. de comino en polvo
· sal marina
· perejil picado fino
· aceite de oliva
· pasta para canelones

Salsa bechamel:

· 4 cebollas picadas finas
· ½ taza de leche de arroz
· 1 hoja de laurel
· aceite de oliva
· sal marina
· polvo de almendras para gratinar

Canelones de tempeh

- Cocer el tempeh con agua que cubra la mitad de su volumen, junto con 1 c.s. de salsa de soja o tamari y el alga wakame durante 20 minutos. Dejar enfriar un poco el tempeh y pasarlo por la plancha ligeramente. Con ayuda de un tenedor desmenuzarlo completamente.

- Pochar la cebolla y el ajo con aceite de oliva y una pizca de sal marina, sin tapa, durante 10-12 minutos a fuego medio/bajo.

- Añadir las zanahorias ralladas, el tempeh desmenuzado, el alga wakame cortada fina, el comino, el perejil y 1 c.s. de salsa de soja o tamari. Mezclar bien durante 2-3 minutos.

- Llevar a ebullición abundante agua con una pizca de sal marina. Cuando empiece a hervir ir incorporando las láminas de los canelones una por una. Cocerlas durante 7-10 minutos o el tiempo indicado en el paquete.

- Transferirlas a un recipiente de agua fría. Extenderlas sobre un trapo de cocina previamente humedecido. Añadir el relleno en cada canelón. Enrollarlos y colocarlos en una bandeja de horno previamente pincelada con unas gotas de aceite.

- Para hacer la bechamel, saltear las cebollas con un poco de aceite de oliva y una pizca de sal marina durante 10 minutos. Añadir un fondo de leche de arroz y el laurel. Tapar y cocer a fuego medio durante 10 minutos más. Retirar las hojas de laurel y hacer puré. Si fuera muy líquida, espesar con un poco de polvo de almendras.

- Verter la bechamel encima de los canelones y espolvorear un poco de polvo de almendras. Gratinar hasta obtener un color dorado. Servir caliente.

Calabacines con tempeh

- Cocer el tempeh con agua que cubra la mitad de su volumen, con la salsa de soja o tamari y el alga wakame durante 20 minutos. Dejar enfriar y cortar en trozos más pequeños. Pasarlos por la plancha rápidamente.
- Pochar las cebollas con un poco de aceite y una pizca de sal marina durante 10 minutos, sin tapa, a fuego medio/bajo.
- Añadir los champiñones, los calabacines y las hierbas aromáticas. Dejar cocer a fuego mínimo durante 12-15 minutos.
- Añadir el tempeh a la plancha y servir con perejil picado fresco.

3-4 personas

Ingredientes

· 2 bloques de tempeh cortado en trozos medianos
· 1 tira de alga wakame
· 3 calabacines cortados en rodajas gruesas
· 1 taza de champiñones cortados en láminas finas
· 2 cebollas cortadas en cuadritos
· aceite de oliva
· sal marina
· hierbas aromáticas secas
· 2 c.s. de salsa de soja o tamari
· perejil

Ingredientes

- 1 ½ bloque de tempeh cortado en 4 trozos
- 1 tira de alga kombu
- 2 c.c. de salsa de soja o tamari
- 1 hoja de laurel
- aceite de oliva

Salsa de remolacha:

- 2 cebollas cortadas finas
- 6 zanahorias cortadas en rodajas finas
- 1 remolacha cocida cortada en rodajas finas
- 2 c.s. de aceite de oliva
- 1 c.c. de albahaca seca
- sal marina
- 1 c.s. de vinagre de umeboshi
- 1 c.s. de jugo concentrado de manzana

Tempeh a la plancha con salsa de remolacha

- Cocer el tempeh con agua que cubra la mitad de su volumen, el alga kombu, la salsa de soja o tamari y el laurel durante 20 minutos con tapa. Escurrirlo un poco.
- Cortar el tempeh a la medida deseada y pasarlo por la plancha por las dos caras hasta que se doren.
- Para hacer la salsa, saltear las cebollas con un poco de aceite de oliva y una pizca de sal sin tapa, a fuego medio, durante 10 minutos.
- Añadir las zanahorias, la albahaca seca y un fondo de agua. Tapar y cocer a fuego bajo durante 15-20 minutos.
- Hacer puré las verduras, si hubiera mucho líquido, retirar un poco antes de hacerlo puré, ir añadiendo remolacha hasta obtener el color deseado. Aliñar con el vinagre de umeboshi y el concentrado de manzana para conseguir el sabor agridulce. Servir con el tempeh.

Tempeh con arame

- Saltear los puerros con el aceite de oliva y una pizca de sal marina durante 5-7 minutos sin tapa y a fuego medio/bajo.
- Añadir el tempeh, el alga arame (sin el agua del remojo), agua que cubra solamente los puerros y la salsa de soja o tamari. Tapar y cocer a fuego medio/bajo 20 minutos.
- Añadir las zanahorias, el jugo concentrado de manzana y unas gotas de aceite de sésamo tostado (opcional), tapar y cocer 5 minutos más.
- Decorar con almendras laminadas y servir.

3 personas

Ingredientes

- 1 ½ bloque de tempeh cortado en trozos medianos
- ½ taza de arame (remojada con agua fría 10 minutos)
- 2 puerros cortados finos
- 3 zanahorias cortadas en cerillas finas
- 2 c.s. de aceite de oliva
- sal marina
- 2 c.s. de salsa de soja o tamari
- 1 c.s. de jugo concentrado de manzana
- unas gotas de aceite de sésamo tostado (opcional)
- almendras laminadas para decorar

Ingredientes

- 4 zanahorias y 2 nabos (cortados por el método rodado)
- 1 bloque de tempeh cortado en cubos grandes
- 1 tira de alga kombu
- aceite de oliva
- una pizca de sal marina
- 3 c.s. de maíz cocido
- 2 c.s. de salsa de soja o tamari
- cebollino cortado fino para decorar

Salteado largo con tempeh

- Cocer el tempeh con agua que cubra la mitad de su volumen, la salsa de soja o tamari y el alga kombu durante 20 minutos.
- Calentar una cazuela de hierro fundido o de fondo grueso, añadir dos cucharadas soperas de aceite de oliva, las verduras y una pizca de sal marina. Remover constantemente durante 1-2 minutos con fuego medio.
- Reducir el fuego al mínimo, añadir el alga kombu troceada, tapar y cocinar hasta que las verduras estén blandas y dulces (aprox. 30 minutos). Remover de tanto en tanto para que no se peguen o utilizar un difusor si la llama es muy alta.
- Mientras las verduras se van haciendo, escurrir bien los trozos de tempeh y hacerlo a la plancha con un poco de aceite de oliva.
- 5 minutos antes de que finalice la cocción de las verduras, añadir el tempeh a la plancha y el maíz cocido. Mezclar bien pero con cuidado. Decorar con el cebollino y servir.

Ingredientes

· 1 bloque de tempeh fresco cortado
  en 4 trozos
· 1 tira de alga kombu
· 2 c.s. de tamari
· laurel
· aceite de oliva
· cebollino cortado fino como
  decoración

Salsa:

· 1 c.s. de mantequilla de almendras
· 4 c.s. de agua caliente
· ½ c.s. de miso blanco
· ¼ c.c. de ralladura limón

Tempeh con salsa de almendras

- Cocer el tempeh con agua que cubra ⅓ de su volumen, el alga kombu, el tamari y el laurel durante 30 minutos tapado.
- Cortar el tempeh en triángulos y hacerlo a la plancha por las dos caras hasta que se doren con muy poco aceite.
- Cortar el alga kombu y mezclar con el tempeh.
- Emulsionar los ingredientes la salsa. Verter encima del tempeh y el kombu.
- Decorar con cebollino cortado fino. Servir.

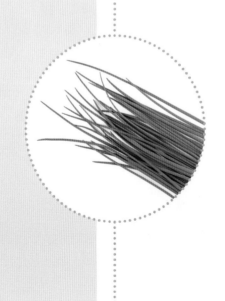

Guiso de verduras con tempeh

3-4 personas

Ingredientes

· 2 puerros (cortados finos)
· 3 boniatos (pelados y troceados grandes)
· 1 hinojo (cortado en trozos grandes)
· 1 bloque de tempeh
· 2 tiras de alga wakame
· una ramita de romero fresco
· 2 c.s. de salsa de soja o tamari
· aceite de oliva
· sal

- Cortar el tempeh al tamaño deseado y freírlo crudo. Secarlo en papel absorbente.
- Saltear los puerros con un poco de aceite y pizca de sal durante 4-5 minutos, añadir el tempeh frito, el alga wakame, las verduras, agua que cubra ⅓ del volumen de los ingredientes y 2 c.s. de salsa de soja o tamari.
- Tapar y hervir, reducir el fuego a medio/bajo y cocer durante 20-25 minutos.
- Servir caliente.

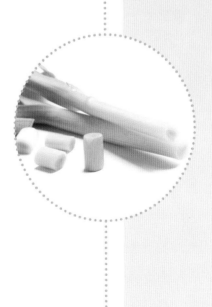

Fideos a la cazuela con tempeh

- Cocer el bloque de tempeh cortado en 4 trozos con el alga kombu, la salsa de soja o tamari y agua que cubra ⅓ del volumen del tempeh durante 20 minutos.
- Cortarlo en trozos más pequeños, hacerlo a la plancha y reservar.
- Pochar la cebolla con un poco de aceite de oliva, una pizca de sal y el laurel durante 10-12 minutos sin tapa a fuego medio/bajo.
- Añadir 3 vasos de agua junto con las verduras, las especias y una buena pizca de sal marina. Llevar a ebullición y añadir los fideos. Tapar y cocer a fuego bajo durante unos 15 minutos. Añadir el tempeh y el cebollino. Servir.
- El plato de puede hacer más o menos jugoso, dependiendo de la consistencia deseada.

3-4 personas

Ingredientes

- 1 bloque de tempeh
- 1 tira de alga kombu
- 2 c.s. de salsa de soja o tamari
- ½ paquete de fideos integrales gruesos
- 2 cebollas
- 3 zanahorias cortadas en rodajas finas
- 1 taza de champiñones cortados en láminas finas
- 2 hojas de laurel
- una pizca de cúrcuma o azafrán
- sal marina
- aceite de oliva
- cebollino cortado fino para decorar

Ingredientes

- · 2 cebollas tiernas, su parte verde cortada en trozos grandes, su parte blanca cortada fina
- · un puñado de judías verdes cortadas por la mitad
- · 3 zanahorias cortadas en cerillas finas
- · ½ hinojo cortado fino
- · 1 bloque de tempeh cortado en cubos medianos
- · 1 tira de alga kombu
- · 2 c.s. de salsa de soja o tamari
- · 1 hoja de laurel
- · aceite de oliva
- · semillas de sésamo ligeramente secadas para decorar

Salteado corto con tempeh al sésamo

- Cocer el tempeh con agua que cubra la mitad de su volumen, el alga kombu, la salsa de soja o tamari y el laurel durante 20 minutos.
- Escurrir bien y pasarlo por la plancha por las dos caras hasta que se doren.
- En la misma sartén saltear la parte blanca de las cebollas con una pizca de sal marina y un poco de aceite de oliva durante 5-7 minutos.
- Luego añadir la parte verde, el hinojo y las zanahorias. Tapar y cocer a fuego medio 10-12 minutos.
- Hervir las judías verdes durante 3 minutos. Lavar con agua fría y escurrir.
- Añadir al salteado el tempeh y las judías verdes. Decorar con las semillas de sésamo y servir.

Paella rápida de quinoa con tempeh

2-3 personas

Ingredientes

· 2 cebollas (cortadas en cuadritos)
· 1 pimiento rojo (lavado, asado, pelado y cortado fino)
· 2 calabacines (cortados en ½ rodajas gruesas)
· 2 zanahorias (cortadas en rodajas finas)
· una pizca de cúrcuma o de azafrán
· 1 taza de quinoa
· 2 tazas de agua
· 1 bloque de tempeh (cortado en cubos medianos)
· 1 tira de alga kombu
· 2 c.s. de salsa de soja o tamari
· 1 hoja de laurel
· aceite de oliva
· sal marina
· perejil crudo

- Cocer el tempeh con agua que cubra la mitad de su volumen, el alga kombu, la salsa de soja o tamari y el laurel durante 20 minutos.
- Escurrir el tempeh y pasarlo por la plancha por las dos caras hasta que se doren.
- Lavar bien la quinoa y tostarla rápidamente en una sartén (sin aceite).
- Colocar la quinoa tostada en una cazuela junto con las 2 tazas de agua, el azafrán o la cúrcuma y una pizca de sal. Tapar y cocer a fuego medio/bajo durante 20 minutos.
- En una cazuela grande pochar las cebollas con un poco de aceite y una pizca de sal durante 10-12 minutos. Añadir los calabacines, las zanahorias y un fondo de agua(muy poca, incluso puede que no se necesite, dependiendo de la humedad de los calabacines). Tapar y cocer durante 10 minutos.
- Añadir a la quinoa cocinada las verduras salteadas y el tempeh, mezclar bien. Decorar con el pimiento rojo y perejil fresco. Servir.

Ingredientes

· 1 bloque de tempeh cortado
  en cubos medianos
· 1 tira de alga kombu
· lechuga o escarola troceada grande
· canónigos o berros
· 2 zanahorias ralladas y escurridas
  (añadir unas gotas de zumo de
  limón para evitar que ennegrezcan)
· 1 pepino cortado en rodajas finas
· 4-5 rabanitos cortados finos
· 4-5 *gherkins* cortados en tiras finas
· perejil o cilantro cortado fino
· aceite de oliva
· salsa de soja o tamari
· 1 hoja de laurel

Aliño:

· 1 c.s. de aceite de oliva
· 2 c.s. de jugo concentrado
  de manzana
· 1 c.s. de mostaza natural
· 2 c.s. de miso blanco

Ensalada crujiente con tempeh frito

- Cocer el tempeh con agua que cubra la mitad de su volumen, el alga kombu, 1 c.s. de salsa de soja o tamari y el laurel durante 20 minutos.
- Escurrir bien el tempeh y hacerlo a la plancha por las dos caras hasta que se doren.
- Colocar en una fuente para servir los ingredientes de la ensalada. Añadir el tempeh y decorar con el perejil o cilantro.
- Para hacer el aliño, añadir agua de acuerdo a la consistencia deseada y servir con la ensalada.

Ingredientes

· 1-2 bloques de tempeh cortados en cubos medianos
· 1 tira de alga kombu
· 2 puerros cortados en trozos medianos
· 1 hinojo fresco cortado en trozos medianos
· 2 mazorcas de maíz cortadas en rodajas
· ¹/₃ de calabaza dulce cortada en cubos medianos
· aceite de oliva
· sal marina
· un manojo de hierbas aromáticas frescas
· 2 c.s. de salsa de soja o tamari
· 1 c.s. de fécula de maíz ecológica

Estofado de tempeh

- Cocer el tempeh con agua que cubra la mitad de su volumen, el alga kombu y la salsa de soja o tamari durante 20 minutos.
- Escurrir el tempeh y pasarlo por la plancha por las dos caras hasta que se doren y quede crujiente. Reservar. Cortar el alga kombu en trozos pequeños.
- En una olla de fondo grueso, hervir 1 taza de agua, añadir los puerros primero y luego las demás verduras junto con las hierbas aromáticas, el alga kombu precocida y una pizca de sal marina. Tapar y cocer a fuego medio/bajo durante 20-25 minutos.
- Diluir la fécula de maíz con una pequeña cantidad de agua fría, añadirlo a las verduras y mezclar con cuidado hasta que espese ligeramente.
- Añadir el tempeh a la plancha, mezclar con cuidado y servir caliente.

Ensalada veraniega de espirales con queso de tempeh

- Confeccionar el queso de tempeh (*véase* receta pág 228) y pasarlo por la plancha.
- Escaldar el calabacín unos segundos. Lavar con agua fría y escurrir bien.
- Hervir la pasta con abundante agua y una pizca de sal durante 7-10 minutos. Lavar con agua fría y escurrir bien.
- Mezclar todos los ingredientes de la ensalada junto con la pasta, el tempeh y el calabacín bien escurrido. Decorar con perejil.
- Hacer el aliño y servirlo al lado de la ensalada.

2-3 personas

Ingredientes

- · 1 ½ tazas de espirales integrales
- · 1 bloque de queso de tempeh
- · lechugas variadas cortados en trozos medianos
- · 1 endivia cortada en trozos
- · 3 c.s. de aceitunas negras
- · 1 calabacín cortado en cuadrados
- · aceite de oliva
- · sal marina
- · perejil cortado fino

Aliño:

- · 2 c.s. de aceite de oliva
- · 2 c.s. de miso blanco
- · 1 c.c. de pasta de umeboshi
- · 1 c.p. de mostaza natural
- · 2 c.s. de jugo concentrado de manzana

Ingredientes

· 1 bloque de tempeh cortado en trozos o rodajas (según la forma del tempeh)
· 1 tira de alga kombu
· 2.c.s. de salsa de soja o tamari
· 1 hoja de laurel
· 2 zanahorias (cortadas en rodajas finas)
· 1 manojo de espárragos (cortados en varios trozos)
· ½ taza de maíz cocido
· varios rabanitos cortados finos
· vinagre de umeboshi
· sal marina
· aceite de oliva

Medallones de tempeh a la jardinera

- Hacer las zanahorias al vapor con una pizca de sal marina durante 7-10 minutos.
- Cocer el tempeh con agua que cubra la mitad de su volumen, el alga kombu, el laurel y la salsa de soja o tamari durante 20 minutos.
- Escurrir el tempeh y pasarlo por la plancha junto con los espárragos, por las dos caras hasta que se doren y queden crujientes. Reservar.
- Escaldar los rabanitos unos segundos, inmediatamente aliñarlos con vinagre de umeboshi para preservar el color.
- Colocar las zanahorias en la base de un recipiente para servir.
- Colocar los demás ingredientes y decorar con los rabanitos y el maíz. Servir caliente.

Variante: Utilizar unas gotas de aceite de sésamo tostado junto con el de oliva al hacer el tempeh a la plancha.

Papillote de tempeh

- Cocer el tempeh con agua que cubra la mitad de su volumen, el alga wakame, el laurel y la salsa de soja o tamari durante 20 minutos.
- Escurrir el tempeh y pasarlo por la plancha por las dos caras hasta que se doren y quede crujiente.
- Mezclar las verduras y el tempeh en una fuente grande junto con el aliño.
- Cortar 4 hojas de papel para horno (aprox. 30 x 30 cm). Colocar dos de ellas superpuestas (una sola podría filtrar los jugos de las verduras al cocerse) en la bandeja del horno y seguidamente la mitad de los ingredientes y un poco del aliño.
- Cerrar con cuidado el paquete, debe de quedar holgado, pero cerrado herméticamente para que el vapor circule sin salir al exterior. Proceder con el resto de los ingredientes para el segundo paquete.
- Pincelar el exterior del papel con un poco de aceite para que no se reseque y cocinar en un horno precalentado a 180 °C. durante 20-25 minutos.
- Servir inmediatamente.

2 personas

Ingredientes

- 1 bloque de tempeh cortado en trozos medianos
- 1 tira de alga wakame cortada por la mitad
- 1 c.s. de salsa de soja o tamari
- 1 hoja de laurel
- 2 cebollas cortadas en rodajas
- 1-2 calabacines cortados en rodajas gruesas
- 2 zanahorias cortadas en rodajas finas

Aliño:
- 2 c.s. de aceite de oliva
- 1 c.p. de aceite de sésamo tostado
- 1 c.s. de salsa de soja o tamari
- perejil picado crudo
- hierbas aromáticas al gusto

Ingredientes

· 1 bloque de tempeh cortado
  en varios trozos
· 1 tira de alga wakame
· 2 c.s. de salsa de soja o tamari
· 2 cebollas picadas finas
· 3 zanahorias ralladas finas
· ½ diente de ajo picado fino
· 1 c.p. de comino en polvo
· perejil picado fino
· aceite de oliva
· sal marina

Paté de tempeh

- Cocer el tempeh con agua que cubra la mitad de su volumen junto con la salsa de soja o tamari y el alga wakame durante 20 minutos.
- Dejarlo enfriar un poco y pasarlo por la plancha ligeramente. Con ayuda de un tenedor desmenuzarlo completamente.
- Saltear las cebollas y el ajo con aceite de oliva y una pizca de sal marina, sin tapa, durante 10 minutos.
- Añadir las zanahorias ralladas, el tempeh desmenuzado, el alga wakame cortada fina, el comino, el perejil y unas gotas de salsa de soja o tamari (opcional al gusto) Mezclar bien durante 2-3 minutos.

BOCADILLOS CON TEMPEH
❖ A la plancha

- Cocer el tempeh con agua que cubra la mitad de su volumen, el alga kombu, la salsa de soja o tamari y el laurel durante 20 minutos.
- Escurrir el tempeh, cortarlo y pasarlo por la plancha con aceite de oliva, por las dos caras hasta que se doren.
- Untar el pan integral con la mayonesa, colocar encima el acompañamiento y el tempeh a la plancha. Servir.

2-3 personas

Ingredientes

- 1 bloque de tempeh fresco cortado en 4 trozos
- 1 tira de alga kombu
- 1 c.s. de salsa de soja o tamari
- laurel
- aceite

Acompañamientos para el bocadillo:

- rodajas de pepino
- hojas de lechuga
- germinados de alfalfa
- *gherkins*

Para untar en el pan integral:

- mayonesa de tofu

Ingredientes

· 1 bloque de tempeh fresco cortado
  en dos o tres capas finas
· miso blanco
· aceite de oliva

**Acompañamientos
  para el bocadillo:**
· rodajas de pepino
· zanahoria rallada
· chucrut
· hojas de rúcula y/o canónigos

Para untar en el pan integral:
· mayonesa de tofu

❖ Con queso de tempeh

- Cubrir cada trozo de tempeh con una capa fina de miso blanco por todos sus lados. Colocar los trozos uno encima del otro y guardar en la nevera durante todo un día. (20 horas aproximadamente).

- Retirar el miso blanco de cada trozo de tempeh. Lavarlo y secarlo. Cortar el tempeh en trozos.

- Calentar una sartén con un poco de aceite y pasarlo por la plancha unos minutos, por los dos lados.

- Untar el pan integral con la mayonesa, añadir el acompañamiento y el tempeh. Servir.

Capítulo 10

Las semillas y los frutos secos

El proceso de tostado, si no se efectúa adecuadamente, hará que los frutos secos y semillas pierdan sus propiedades, especialmente la vitamina E, con su poderosas cualidades antioxidantes. Recomiendo efectuar este proceso en casa y muy ligeramente, con una cantidad adecuada para que nos pueda durar un máximo de dos semanas. Un fruto seco o semilla rancia nos indica que su contenido de vitamina E ha disminuido.

Existen muchas teorías con respecto al consumo de aceites, secado de semillas o consumirlas crudas… Cada una posee algún punto valido.

Forma básica de secado de semillas

Es recomendable lavar y escurrir las semillas antes de secarlas ligeramente.

Las semillas de sésamo, por su pequeño tamaño, es recomendable colocarlas en pequeñas cantidades en un plato blanco y, cuidadosamente, retirar toda la arenilla e impurezas que podamos ver antes de lavarlas y secarlas (si vemos que contienen suciedad, si no, solamente con lavarlas ya es suficiente).

FORMA BÁSICA DE SECADO

INGREDIENTES: 1 taza de semillas, lavadas y escurridas

PREPARACIÓN:

1. Calienta una sartén (sin aceite) y añade las semillas lavadas y escurridas. Remueve constantemente con una buena espátula de madera.
2. Cuando las semillas empiezan a secarse, hay que reducir la llama, para que las semillas no salten desmesuradamente.
3. Continuar removiendo constantemente y vigilando que no se quemen.
4. Estarán en su punto cuando:
   – Ya no se adhieran a la espátula de madera. Están secas.
   – Las semillas de sésamo y calabaza se habrán expandido/hinchado un poco.
   – Todavía el color es el mismo que crudo. No se han quemado.
5. Inmediatamente traspasarlas a un plato o bandeja seca y grande.
6. Si se dejan en la sartén caliente se quemarán.
7. Dejar que se enfríen antes de guardarlas en un frasco de vidrio hermético. Se conservan estupendamente durante 2 semanas.

Particularidades de cada semilla ligeramente secada

Sésamo

Su color será casi idéntico a cuando están crudas. Si cambian a color marrón están quemadas y hay que tirarlas. Al estar ligeramente secadas, su volumen estará visiblemente mucho más abultado que cuando están crudas.

Textura crujiente y ligero aroma a tostado.

Las semillas de sésamo son muy pequeñas, y si no las pulverizamos y no las masticamos adecuadamente, puede que no asimilemos sus propiedades.

Se pueden pulverizar con un molinillo para semillas, o un suribachi (molinillo japonés con estrías que ayuda a que la semilla se pueda pulverizar adecuadamente).

Girasol

Su color habrá cambiado a dorado brillante, en lugar del grisáceo pálido de cuando están crudas. Textura crujiente y ligero aroma a tostado. Su volumen no cambia.

Calabaza

Su color cambia a verde-dorado. Su textura cambia visiblemente, estando más abultadas que cuando están crudas. Su textura es crujiente y con un ligero aroma a tostado.

Semillas germinadas

También hay otra forma saludable de consumir semillas, que son las germinadas.

Las semillas se hacen germinar durante unos días, y con este proceso nos aportan gran cantidad de enzimas, minerales, oligoelementos y vitaminas.

Se recomienda, por supuesto, que sean semillas de agricultura ecológica. Se puede germinar cualquier semilla: cereales, legumbres, verduras, oleaginosas, etc.

No recomendamos consumir germinados de legumbres, ya que muchas personas tienen dificultades para digerir legumbres crudas (aunque estén germinadas).

Los germinados más digestibles serían los de verduras y los de semillas de oleaginosas.

¿De qué forma es más recomendable usar las semillas, secadas o germinadas?

Creo que de las dos formas, ya que a nivel energético nos ofrecen particularidades diferentes y complementarias. No hay que excluir una en beneficio de otra.

Mientras que las semillas germinadas nos aportan enzimas, vitaminas, oligoelementos y minerales, un buen complemento para nuestro plato, las semillas secadas nos ofrecen más riqueza nutricional, sus grasas y aceites nos satisfacen más, con su textura seca y crujiente.

Los frutos secos

Los frutos secos pueden comprarse tostados, pero cuidando que no estén quemados. Si no se pudieran encontrar ligeramente tostados, es mejor comprarlos crudos y tostarlos en casa ligeramente. Cada fruto seco requiere un tiempo diferente de tostado, dependiendo de su humedad interior y consistencia. No podemos tostarlos todos a la vez, ya que mientras unos estarán todavía crudos, otros estarán totalmente quemados. El horno siempre debe estar a temperatura media.

Si intentamos tostar los frutos secos en una sartén, como hemos indicado para las semillas, al tener más volumen, por fuera estarán casi quemados y por dentro estarán todavía crudos. Hay que utilizar una llama con poder más interior: el horno. En cambio con las semillas, si las secamos en el horno, pueden muy fácilmente quemarse y no es necesario un calor tan potente.

Los frutos secos (locales) que necesitan menos calor y menos tiempo al tostarse son (escala de menos a más tiempo): avellanas, almendras, cacahuetes.

Los piñones, recomendamos tostarlos ligera y muy rápidamente en la sartén en el momento de añadirlos a algún plato aunque sea un fruto seco, ya que se pueden quemar muy fácilmente.

Las nueces se pueden consumir crudas, ya que son de fácil masticación y digestión.

TOSTADO CASERO DE LOS FRUTOS SECOS

INGREDIENTES: 1 taza de frutos secos

PREPARACIÓN:

1. Colocar el fruto seco (sin lavar), en una bandeja de horno. Colócala en el horno precalentado a fuego medio.
2. Tostar hasta que el centro del fruto seco se vuelva ligeramente amarillento.
3. Inmediatamente transferirlos a un plato o fuente. Si se dejan en la bandeja caliente se quemarán.
4. Dejarlos enfriar y guardar en botes de vidrio herméticos.

Sus efectos energéticos

Sus efectos energéticos son de nutrir, calentar y reforzar. Pueden consumirse durante todo el año, todas las veces que se desee, aunque no como sustitución de la proteína en el plato combinado (legumbre, seitán, tofu, tempeh).

Muchas personas no comen la proteína adecuada en cantidad o calidad, y luego entre horas comen exceso de frutos secos. Un exceso también nos puede ocasionar bloqueos de hígado y vesícula biliar por un exceso de grasa.

Incluyendo semillas y frutos secos

Las semillas y frutos secos, son alimentos altamente nutritivos y que pueden adaptarse e incluirse en toda clase de platos:

- ❖ Sopas, cremas, potajes, cocidos: empleados para espesar (polvo de almendras), para decorar (semillas secadas) o como parte nutritiva del plato.
- ❖ Con platos de cereales o pasta integral.
- ❖ Con otras proteínas vegetales y con pescado.
- ❖ Con algas.
- ❖ Con verduras: sea en cocciones: guisos, asadas, al horno, papillotes, salteados (tanto largos como cortos), woks, estofados, rustidos, etc., o en ensaladas.
- ❖ En bocadillos (*véase* en este capítulo).
- ❖ En salsas y aliños.
- ❖ En postres o para tentempiés rápidos y que alimenten.

Platos fáciles recomendados

Las semillas y frutos secos no se usan en sustitución de las demás proteínas, sino que se integran en cualquier plato o postre para que aporte más vitalidad y nutrición. Algunas ideas en las que se incluyen semillas y frutos secos:

– Hamburguesas de arroz con semillas

– Paté de zanahorias y almendras

– Paté de remolacha, cacahuete y cítricos

– Ensalada de aguacate con semillas de calabaza

– Wok de verduras al sésamo

– Tentempié energético de frutos secos y semillas

– Trufas de algarroba y almendras

– Mousse de melocotón con crema de anacardos

– Crujiente de semillas

– Papillote de frutas y frutos secos

Preguntas

1. ¿Cuántas veces a la semana puedo comer semillas y frutos secos?

Todas las que se deseen, lo importante es que se mastiquen bien. Si masticamos bien, nunca comeremos en exceso.

Una pequeña cantidad a diario, por ejemplo en el desayuno con nuestra crema de cereales, en las comidas principales o como tentempié entre horas, nos dará un buen complemento de aceites y grasas de buena calidad a la proteína vegetal de la comida.

2. ¿Qué efectos energéticos tienen las semillas y frutos secos?

Son proteína, aceites, minerales y grasas de buena calidad. Generarán calor, energía, vitalidad, nos nutrirán.

3. ¿Cantidad por comida y por persona?

La cantidad que deseemos bien masticadas. Normalmente, nos apetecerán más como tentempié en climas fríos y húmedos, pero deberíamos de utilizar estos alimentos en pequeñas cantidades en cada comida, integrados en diferentes platos.

A veces hay comentarios de personas que no pueden parar de comer semillas o frutos secos. Esto claramente demuestra que la persona tiene una carencia de proteína, aceite y grasas. Podría ser también por falta de calor interior y nutrición a nivel de estilos de cocción con tiempo y dedicación (estofados, salteados largos, sopas cremosas, potajes, cocidos...) y se desea compensar de forma inconsciente con cantidad de semillas o frutos secos.

Vemos que ésta no será la forma de compensar su carencia, ya que un exceso de semillas y frutos secos va a cargar, tensar y a saturar el hígado y la vesícula biliar, a la vez que crear acumulación de grasas.

También a nivel emocional, si hay una carencia o desequilibrio, muchas personas intentan compensarlo con exceso de comida. Las semillas y frutos secos son unos alimentos ideales, tomados a diario en moderación.

4. ¿A qué edad puedo introducírselas a mis hijos?

Ya a partir de los 6 meses podemos empezar a introducir las semillas a nuestro bebé. Por supuesto, deberán estar ligeramente secadas (*véase* en este capítulo «La forma básica de secado») y pulverizadas completamente (en un mortero o suribachi, preferiblemente al molinillo de café). Empezaremos con el polvo de semillas de sésamo, al cabo de varios días podemos introducir el polvo de las semillas de calabaza y un poco más tarde las de girasol.

Podemos secarlas, dejar que se enfríen y guardarlas en un tarro de vidrio hermético durante 2 semanas.

Cada vez que deseemos hacer un biberón, pulverizaremos una pequeña cantidad (1 cucharada de postre por toma). La leche de la madre contiene mucha grasa y proteína. Cuando empezamos la comida de transición, a darle cremas y purés, deberíamos incluir semillas en polvo para complementar su nutrición.

También los frutos secos pueden introducirse gradualmente a partir de los 6 meses, cocinaremos un puñado de almendras sin piel con los cereales integrales para crear una leche vegetal de excelente calidad nutritiva. Empezaremos con almendras y avellanas cocinadas con el cereal.

Aparte de añadir a los purés y cremas de verduras las semillas en polvo, poco a poco podemos introducir los frutos secos en pequeñas cantidades en postres, para meriendas, etc., sin olvidar incluir otras proteínas en la comida.

5. ¿Deben pulverizarse siempre todas las semillas?

Recomendamos secar ligeramente y pulverizar las semillas de sésamo. Su volumen cambia mucho de crudas (totalmente planas) a ligeramente secadas (más abultadas y crujientes). Entonces pueden pulverizarse con facilidad (recomendamos un 70-80% en polvo), y así se podrán digerir y absorber totalmente sus cualidades.

Si comemos semillas de sésamo crudas, tal cual, será muy difícil poderlas masticar, partir y absorber sus propiedades.

Las semillas restantes (calabaza y girasol), al tener un tamaño más grande, no es necesario pulverizarlas (a excepción de que sean para las cremas y purés de bebés).

6. ¿Qué formas son las más adecuadas para mis adolescentes?

Tendríamos que tener siempre un buen bol o plato de semillas y frutos secos a la vista en la cocina. Constituyen un tentempié excelente y un complemento muy nutritivo a cualquier hora del día, además de incluirlas diariamente en todas las comidas en formas muy diferentes.

7. ¿Por qué deben secarse? ¿No se pueden comer crudas?

Si optamos por masticarlas muy bien, podrían consumirse crudas. Pero ¿quién mastica 100 veces una almendra? ¿O podemos realmente masticar las semillas de sésamo, especialmente las crudas?

Existen muchas teorías al respecto del consumo de las semillas. Cada uno tiene una opinión personal y puede ser válida en ciertos puntos.

Recomiendo lavar las semillas y secarlas muy ligeramente (*véase* en este capítulo «La forma básica de secado»). Los frutos secos no necesitan lavarse, pero sí recomiendo tostarlos muy ligeramente. Podemos comerlas crudas y ligeramente tostadas, comparar sus efectos y decidir de qué forma las deseamos tomar.

8. ¿Pueden comprarse ya tostadas?

Las semillas es mejor comprarlas siempre crudas. Las que se pueden obtener en el mercado ya empaquetadas y tostadas, en mi opinión, están quemadas, no tostadas, su color es marrón oscuro. Por lo que no tiene sentido consumirlas, ya que todos sus aceites y grasas no nos beneficiarán en absoluto.

La calidad del tostado en los frutos secos es muy diferente. Podemos mirar, comparar y comprar los que veamos ligeramente tostados si no tenemos tiempo de hacerlos en casa.

9. ¿Con qué alimentos no son compatibles las semillas y frutos secos?

Las semillas y frutos secos son compatibles con toda clase de platos, sean salados o postres. Pueden mezclarse unas con otras sin ningún problema.

10. Después de secarlas, ¿cuánto tiempo duran?

Recomiendo guardarlas en botes herméticos de vidrio durante unas 2 semanas como máximo. Luego poco a poco podemos percibir que su calidad empieza a disminuir.

Si secamos cada semana una clase de semilla y tostamos un fruto seco diferente, poco a poco podemos tener una buena variedad en nuestra despensa.

11. ¿Por qué tengo gases después de haber comido semillas y frutos secos?

Las semillas y frutos secos casi no contienen humedad. Si no se mastican y ensalivan muy bien equilibrando su sequedad, producirán gases e indigestión. Se podría decir que tenemos «que bebernos» las semillas y frutos secos. Deben estar muy bien masticados.

12. **¿Si como semillas y frutos secos voy a engordar?**

Si se comen en exceso y todavía se comen lácteos y grasas saturadas, posiblemente sí. Pero la causa principal son las grasas saturadas de carnes, embutidos, huevos y lácteos, con su energía estática y concentrada, pegajosa y densa. Si deseamos reducir y evitar los lácteos, una forma de que nuestro cuerpo no sienta carencias es comer o incrementar el consumo de semillas y frutos secos, especialmente las nueces (su cremosidad, textura y gusto ayuda a eliminar los lácteos de nuestra alimentación). También incrementar toda clase de semillas, especialmente las de sésamo (alto contenido en calcio) y las de calabaza (alto contenido en hierro).

13. **¿En qué momento del día es mejor comerlas?**

En cualquier momento salvo antes de acostarse. Podemos comerlas en la cena, ¡pero no refugiarnos en ellas después de la cena! Si esto ocurre, es que no hemos cenado de la forma adecuada (cantidad, variedad, calidad…).

14. **¿No son las semillas y los frutos secos una proteína muy pobre? ¿No es necesario complementarlas?**

No podemos vivir tan sólo de semillas y frutos secos. Hay que comer variedad de todas las proteínas vegetales, para que nuestro cuerpo se sienta totalmente satisfecho, vital y con energía, especialmente si escogemos reducir o evitar el consumo de proteína animal de grasa saturada.

15. **¿Cómo debo conservar las semillas y los frutos secos después de comprarios?**

Podemos tener unos botes herméticos de vidrio para las semillas y los frutos secos crudos. Podemos añadirles una hoja de laurel. Y otros para los ligeramente tostados, los cuales iremos reciclando cada dos semanas.

16. **¿Puedo consumir semillas y frutos secos en el desayuno?**

Por descontado, las semillas y frutos secos constituyen una forma de proteína ideal para los desayunos, como complemento en las cremas de cereales.

Crema fría de coliflor con almendras

2-4 personas

Ingredientes

· 2 cebollas cortadas finas
· 1 coliflor pequeña cortada en trozos
· 1 ½ c.s. de aceite de oliva
· agua
· laurel o nuez moscada
· sal marina
· leche de arroz o avena (opcional)
· 3-4 c.s. de polvo de almendras

- Saltear las cebollas con el aceite y una pizca de sal marina durante unos 10 minutos sin tapa hasta que estén transparentes.
- Añadir la coliflor, el laurel o la nuez moscada, 2 tazas de agua y una pizca más de sal marina. Tapar y cocer a fuego medio durante 20 minutos.
- Sacar el laurel. Hacer puré. Añadir más agua, leche de arroz o de avena y polvo de almendras según la consistencia que se desee obtener. Servir caliente o fría.

Ingredientes

· 1 taza de arroz integral de grano
  corto
· 2 tazas de agua
· una pizca de sal
· 1 cebolla picada fina
· 2 zanahorias ralladas y escurridas
· 1 hoja de laurel
· 3 c.s. de semillas de girasol
  y 3 c.s. de semillas de calabaza
  ligeramente secadas
· perejil picado fino
· aceite

Hamburguesas de arroz con semillas

• Lavar el arroz y cocinarlo con 2 partes de agua y una pizca de sal marina, con tapa durante 40-45 minutos.

• Pochar las cebollas y las zanahorias con un poco de aceite, laurel y una pizca de sal sin tapa a fuego medio/bajo durante 10-12 minutos.

• Añadir el arroz cocido y caliente, las semillas y el perejil. Mezclar bien.

• Amalgamar bien una pequeña cantidad y confeccionar la hamburguesa. Dejar enfriar.

• Se pueden pasar por la plancha las hamburguesas y servir.

Para que la hamburguesa quede sólida, hay que hacerlas cuando el cereal está caliente.

Ingredientes

· 1 taza de arroz integral
· ½ taza de mijo
· ½ taza de maíz
· 3 tazas de agua
· una pizca de sal marina
· ¼ de taza de almendras tostadas
· peladas y troceadas

Pan de maíz y almendras

- Lavar los cereales juntos y colocarlos en la olla a presión junto el agua y una pizca de sal marina.
- Llevar a presión, reducir el fuego al mínimo y cocinar durante 40-45 minutos. Si la llama es muy alta, utilizar una placa difusora.
- Retirar la olla y dejar que la presión baje gradualmente. Abrir y mezclar las almendras troceadas.
- Mojar un paño de algodón limpio con agua fría y escurrirlo completamente. Colocar en el centro la mitad de la mezcla. Cerrar el paño y presionar el cereal hasta obtener una masa totalmente compacta. Abrir y dejar en una bandeja. Repetir con el resto del cereal.
- Dejar enfriar un par de horas, como mínimo. Cortar en rebanadas con un cuchillo de sierra de pan. Servir con patés o con proteína vegetal a la plancha.

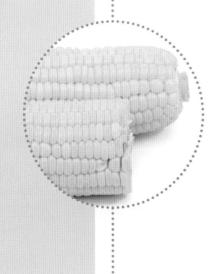

Crepes de trigo sarraceno con salsa de cacahuete, queso de tofu y verduras

2-3 personas

Ingredientes

- Lavar el trigo sarraceno y añadirle las dos tazas de líquido, una pizca de sal y albahaca. Dejar remojar 1-2 horas. Batir hasta obtener una consistencia homogénea.
- Calentar una sartén antiadherente, pincelar con un poco de aceite y verter ⅓ de cucharón de líquido de crepes. Mover bien la sartén, hasta que se extienda todo el líquido por el fondo. Dejar varios minutos hasta que se empiece a desprender por los lados. Darle la vuelta con cuidado y cocinar 2-3 minutos más.
- Emulsionar la mantequilla de cacahuete y el miso con un poco de agua hirviendo, mezclar muy bien para conseguir una consistencia fácil para untar.
- Añadir a cada crepe un poco de salsa, las verduras y lonchas de queso de tofu (*véase* capítulo 7, «Queso de tofu»). Servir.

Crepes:
- 1 taza de trigo sarraceno (grano entero)
- 1 taza de leche de cereales
- 1 taza agua
- una pizca de albahaca seca
- una pizca de sal
- aceite de oliva

Salsa:
- 2 c.s. de mantequilla de cacahuete
- ½ c.c. de genmai miso

Relleno:
- *gherkins*
- germinados de alfalfa
- lechuga troceada fina
- lonchas de queso de tofu

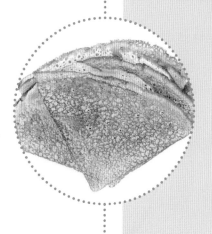

Ingredientes

· 2 bases integrales de pizza
· 1 taza de champiñones cortados en láminas (rociados con unas gotas de limón para que no ennegrezcan)
· $^1/_3$ de brócoli cortado en flores medianas
· ½ manojo de espárragos cortados en trozos (quitar su parte leñosa)
· ½ taza de aceitunas sin hueso verdes y negras
· ½ taza de maíz
· aceite de oliva
· sal marina

Pesto:

· ½ taza de albahaca fresca
· ½ taza de perejil (todo picado fino, retirar primero los troncos duros)
· ½ diente de ajo picado fino
· 1 c.s. de aceite de oliva
· ½ c.p. de pasta de umeboshi
· 2 c.s. de miso blanco
· 1 taza de polvo de almendras

Pizza con pesto de almendras

- Confeccionar el pesto añadiendo un poco de agua al hacer el puré, para conseguir la consistencia deseada.
- Saltear los champiñones, los espárragos y el maíz con unas gotas de aceite y una pizca de sal durante 5-7 minutos.
- Calentar el horno a temperatura media. Esparcir sobre las bases integrales el pesto y seguidamente el salteado junto con las aceitunas.
- Hornear durante 8-10 minutos, hasta que las bases estén crujientes y cocidas.
- Hervir el brócoli durante 3-4 minutos. Lavarlo con agua fría y escurrirlo bien. Decorar la pizza con el brócoli y servir.

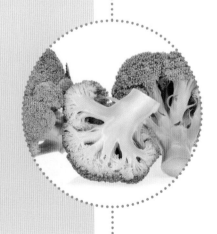

Paté de zanahorias y almendras

2-3 personas

Ingredientes

· 6 zanahorias cortadas en rodajas finas
· 2 cebollas cortadas en medias lunas
· aceite de oliva
· sal marina
· 1 hoja de laurel
· ½ taza de polvo de almendras
· nuez moscada al gusto (opcional)

- Saltear las cebollas con un poco de aceite de oliva, una pizca de sal y el laurel sin tapa y durante 10 minutos a fuego medio/bajo.
- Añadir las zanahorias y un fondo de agua. Tapar y cocer a fuego medio/bajo durante 20 minutos, hasta que las zanahorias estén bien blandas.
- Retirar el laurel y hacer puré las verduras completamente. Amalgamar el polvo de almendras y rectificar al gusto con nuez moscada. Servir.

Ingredientes

· 1 bloque de tofu fresco
· ½ taza de nueces ligeramente tostadas
· 1 ½ c.s. de genmai miso
· 1-2 c.s. de aceite de oliva
· 1 c.s. de jugo de manzana concentrado
· 1 c.c. de mostaza natural o ½ ajo picado fino (opcional)

Paté de nueces y tofu

• Hervir el bloque de tofu fresco durante 10 minutos e inmediatamente hacer puré con el resto de los ingredientes.

• Si fuera necesario, añadir unas gotas de agua para obtener la consistencia deseada.

Paté de remolacha, cacahuete y cítricos

3-4 personas

Ingredientes

· 1 paquete de remolacha cocida
· 1 c.s. de ralladura de limón
· 1 c.s. de crema de cacahuete
· 1 c.c. de pasta de umeboshi

- Trocear la remolacha. Hervirla 2-3 minutos con un fondo de agua. Colar el agua y reservarla.
- Hacer puré la remolacha junto con los demás ingredientes y un poco del agua reservada, hasta conseguir un paté muy espeso.

Ensalada multicolor con aliño de crema de cacahuete

- Hervir agua, añadir una pizca de sal marina y las zanahorias. Cocer sin tapa a fuego alto durante 4-5 minutos. Retirar, lavar con agua fría y escurrir.
- Hervir en la misma agua el calabacín y las judías verdes durante 3 minutos. Retirar, lavar con agua fría y escurrir.
- Escaldar los rabanitos durante varios segundos. Retirarlos y añadir inmediatamente unas gotas de vinagre de umeboshi o limón para preservar su color rosado. Mezclar todas las verduras y colocarlas en una fuente para servir.
- Añadir alrededor de las verduras los germinados.
- Hacer el aliño y servir junto a la ensalada.

2-3 personas

Ingredientes

· 2 calabacines cortados en rodajas medianas
· 3 zanahorias cortadas en tiras gruesas
· un puñado de judías verdes cortadas por la mitad
· rabanitos cortados por la mitad
· germinados de alfalfa
· sal marina
· vinagre de umeboshi

Aliño:
· 2 c.s. de crema de cacahuete
· 3-4 c.s. de agua hirviendo
· 1 c.p. de ralladura de naranja
· 1 c.p. de genmai blanco
· 1 c.s. de jugo concentrado de manzana

Ensalada de aguacate con semillas de calabaza

Ingredientes

· Varias hojas de lechuga rizada
  troceadas medianas
· un manojo de canónigos o berros
· ½ taza de alga dulse (remojada
  durante 2 minutos y troceada)
· 2 zanahorias ralladas
· 1 aguacate maduro (troceado
  y rociado con unas gotas de zumo
  de limón y vinagre de umeboshi)
· 3 c.s. de semillas de calabaza
  ligeramente secadas*

Aliño:
· 1 c.s. de salsa de soja o tamari
· 1 c.c. de aceite de sésamo tostado
· 1 c.s. de zumo de manzana
  concentrado

- Mezclar todos los ingredientes de la ensalada en un recipiente para servir.
- Confeccionar el aliño y añadirlo en el momento de servir.

* Al terminar de secar las semillas, todavía en la sartén, añadir unas gotas de salsa de soja o tamari, mezclar bien y transferir a un plato o fuente para que se sequen y enfríen.

Wok de verduras al sésamo negro

- Hervir las judías verdes con una pizca de sal durante 3 minutos. Lavar con agua fría y escurrir.
- Calentar una sartén o wok con un poco de aceite y saltear la zanahoria y el apio con una pizca de sal. Saltear a fuego medio-alto sin tapa, removiendo constantemente hasta que su volumen se reduzca a la mitad, unos 7-8 minutos.
- Añadir las judías, el maíz y saltear 1 minuto más.
- Aliñar con el concentrado de manzana, unas gotas de salsa de soja o tamari y de aceite de sésamo tostado. Servir inmediatamente con semillas de sésamo por encima.

3-4 personas

Ingredientes

· Un manojo de judías verdes
· 3 zanahorias y 3 pencas de apio (todo cortado en tiras finas)
· 3 c.s. de maíz
· unas gotas de aceite de sésamo tostado
· 1 c.s. de jugo concentrado de manzana
· sal
· aceite de oliva
· 2 c.s de salsa de soja o tamari y 2 c.s. de semillas de sésamo negro ligeramente secadas

Condimento de mesa remineralizante* con semillas

Ingredientes

· ½ taza de alga dulse
· ½ taza de alga wakame
· 3 c.s. de semillas de sésamo
· 3 c.s. de semillas de calabaza

- Tostar las algas en el horno o en una sartén sin lavar, directamente del paquete, durante 5-7 minutos o hasta que estén completamente crujientes y secas y se puedan pulverizar (cuidando que no se quemen).
- Desmenuzar las algas con las manos y hacerlas polvo en un mortero o molinillo.
- Lavar las semillas, escurrirlas y tostarlas por separado en la sartén sin aceite, hasta que empiecen a hincharse. Molerlas.
- Mezclar el de polvo de algas con las semillas molidas y guardar en un bote hermético.

---

*　Echar ½ c.c. por encima de los cereales (desayuno y/o comida) en casos de osteoporosis, anemia, embarazo (primeros meses), diarrea, inflamación y expansión intestinal.

Aperitivo energético de frutos secos y semillas

- Mezclar todos los ingredientes y servir a cualquier hora.

2-3 personas

Ingredientes

· 2 c.s. de avellanas tostadas
· 2 c.s. de almendras tostadas
· 1 c.s. de nueces
· 1 c.s. de semillas de girasol
· 1 c.s. de semillas de calabaza ligeramente tostadas
· 2 c.s. de pasas
· 2 c.s. de orejones troceados
· una pizca de canela en polvo

Ingredientes

· 3 boniatos cocidos al horno pelados
  y machacados
· 1 taza de polvo de almendras
· 1 c.s. de ralladura de naranja

Panellets caseros

• Mezclar el puré de boniatos con la almendra en polvo y la ralladura de naranja. Dejar enfriar un poco antes de rebozarlos con frutos secos.

Rebozado de los panellets:
Podemos rebozar los panellets con distintos ingredientes o bien incluirlos en la masa para obtener diferentes variedades.

Opciones:
– Frutos secos (almendras, avellanas, piñones, nueces…)
– Semillas (girasol, sésamo, calabaza…)
– Coco rallado
– Polvo de algarroba
– Café de cereales instantáneo, pasas dentro y canela en polvo
– Mermeladas naturales…

Peras rellenas de mazapán

- Pelar las peras, cortarlas por la mitad y rociarlas con unas gotas de zumo de limón para evitar que se ennegrezcan.
- Cocinar las peras al vapor, con un fondo de agua y una pizca de sal marina, durante 10 minutos aproximadamente. Descorazonarlas con la ayuda de una cucharita.
- Mezclar bien los ingredientes para el mazapán. Rellenar cada mitad de pera con un poco de mazapán. Servir en platos individuales dos mitades de pera (dejando la parte del relleno hacia abajo).

2 personas

Ingredientes

· 2 peras
· jugo de limón
· sal marina

Mazapán:

· ½ taza de polvo de almendras
· 1 c.s. de endulzante natural
  o mermelada de melocotón natural
· ralladura de cítrico (limón o naranja)

Trufas de algarroba y almendras

- Colocar los dátiles con un fondo de agua (muy poca) y batirlos.
- Mezclar bien con el resto de los ingredientes y hacer una masa compacta.
- Tomar una pequeña cantidad con las manos ligeramente mojadas. Hacer una bola, rebozar con más coco rallado (opcional).
- Enfriar en la nevera 2 o 3 horas. Servir.

4-6 personas

Ingredientes

- 1 taza de algarroba en polvo
- 6-8 dátiles (pelados y deshuesados)
- ½ taza de polvo de almendras
- ⅓ de taza de coco rallado
- ralladura de naranja

Ingredientes

- · 4 o 5 melocotones maduros cortados en trozos
- · ½ taza de orejones naturales
- · ½ taza de agua
- · sal marina
- · ½ c.c. de ralladura de naranja
- · ½ vaina de vainilla natural abierta

Crema anacardos:

- · 1 taza de anacardos
- · agua
- · sal
- · ralladura de limón
- · zumo de limón
- · endulzante natural (miel de arroz) opcional

Mousse de melocotón con crema de anacardos

- Cortar los orejones secos en trozos y cocerlos durante 10 minutos con el agua, la sal, la ralladura de naranja y la vainilla con tapa.
- Añadir los melocotones y cocerlos durante 10 minutos más.
- Sacar la vaina de vainilla, rascar el interior y añadirlo a la compota.
  Si todavía hubiera mucho líquido, cocinar sin tapa unos minutos para que se evapore.
- Pasar por la batidora hasta obtener la consistencia deseada y servir con la crema de anacardos.
- Para la crema, cocinar los anacardos con 1 taza y media de agua, ralladura de limón y una pizca de sal durante 20 minutos con tapa.
- Hacer puré los anacardos con un poco del agua de cocerlos hasta que quede una consistencia espesa.
- Añadirle al gusto unas gotas de jugo de limón y endulzante natural (miel de arroz).

Arroz con especias y frutos secos

- Lavar los arroces con agua fría y escurrirlos. Colocarlos en una cazuela con las especias, los dátiles, la pizca de sal marina y 2½ tazas de agua.
- Llevar a ebullición. Tapar y reducir el fuego al mínimo (usar un difusor si fuera demasiado fuerte).
- Cocer durante 40 minutos o hasta que el líquido se haya absorbido totalmente. Dejar reposar 5 minutos. Retirar la canela y el clavo.
- Mezclar las nueces y las avellanas troceadas.
- Dependiendo de la consistencia deseada, se puede añadir un chorrito de leche de arroz. Servir.

3 personas

Ingredientes

- · 1 taza de arroz integral de grano largo
- · 2 c.s. de arroz salvaje (opcional)
- · 3 dátiles cortados en trocitos
- · un puñado de nueces y otro de avellanas ligeramente tostadas y troceadas
- · agua
- · 1 clavo
- · ½ rama de canela
- · una pizca de sal marina

Crujiente de semillas

3-4 personas

Ingredientes

- 2 tazas de galletas de arroz desmenuzadas
- 1 c.s. de coco rallado
- 1 c.s. de pasas sin lavar
- 4 c.s. de miel de arroz
- 4 c.s. de semillas de girasol
- 4 c.s. de semillas de sésamo y/o calabaza

- Lavar las semillas y tostarlas ligeramente (cada tipo por separado) en una sartén sin aceite.
- Colocar la miel en una cazuela y calentarla (sin añadir agua) removiendo constantemente con una espátula de madera. Añadir los demás ingredientes, a fuego medio/bajo y mezclarlos muy bien hasta obtener una masa compacta y amalgamada por la miel.
- Colocar en un recipiente (previamente pincelado con un poco de aceite), aplanar bien con la mano húmeda. Dejar secar y enfriar. Cortar en barritas.

Ingredientes

· 3 tazas de leche de arroz
· ½ vaina de vainilla cortada
  por la mitad a lo largo
· endulzante natural al gusto
· 2 c.s. de copos de agar-agar
· una pizca de sal marina
· 2-3 c.s. de polvo de almendras
· 2 c.s. de coco rallado
· ralladura de limón

Flan de almendras y coco

- Hervir la leche de arroz con la vainilla, una pizca de sal y los copos de agar-agar durante 10-15 minutos, sin tapa, a fuego medio/bajo.
- Con la ayuda de un cuchillo con punta, raspar todo el interior de la vainilla y añadirlo al líquido. Retirar la vaina.
- Añadir endulzante al gusto, el polvo de almendras, el coco y la ralladura de limón.
- Colocar la mezcla caliente en flaneras y dejar enfriar.

Turrón de piñones

- Calentar 2-3 cucharadas soperas de melaza en una cazuela (sin añadir agua) removiendo constantemente.
- Añadir todos los frutos secos y mezclar bien durante varios minutos.
- Pincelar una fuente de vidrio con unas gotas de aceite.
- Verter la mezcla y dejar enfriar. Cortar y servir.

Ingredientes

- ½ taza de piñones ligeramente tostados
- ½ taza de avellanas troceadas y tostadas
- ½ taza de almendras tostadas y troceadas
- 2-3 c.s. de melaza de cebada y maíz o miel de arroz

Ingredientes

· variedad de frutas locales
  y de la estación con colorido
· una pizca de sal
· zumo de naranja
· 1 rama de canela
· miel de arroz o melaza de cebada
  y maíz
· ½ taza de almendras

Macedonia de frutas con almendras al caramelo

- Hervir las almendras (si son con piel) durante 2-3 minutos. Escurrir y dejarlas enfriar unos minutos. Pelar las almendras.

- Lavar y cortar la fruta (salvo los plátanos si se usan). Colocarla en un recipiente de cerámica o vidrio. Añadir la sal, el zumo, la canela y dos cucharadas de endulzante natural. Dejar macerar la macedonia varias horas (mínimo 1-2 horas).

- Tostar ligeramente las almendras peladas.

- En una cazuela calentar primeramente 3 cucharadas de miel de arroz (sin añadir agua), remover bien hasta que se vaya calentando y añadir las almendras ligeramente tostadas. Mezclar bien.

- Verterlas en un plato o bandeja, previamente untado con un poco de aceite), dejarlas enfriar.

- Al momento de servir, trocear los plátanos (si se usasen), añadirlos a la macedonia y servir con las almendras caramelizadas.

Leche de almendras casera

2-3 personas

Ingredientes

· 1 taza de almendras
· una pizca de sal marina
· endulzante natural al gusto opcional
  (miel de arroz, melaza de cebada
  y maíz…)

- Hervir las almendras (si son con piel) durante 2-3 minutos, escurrirlas y déjalas enfriar unos minutos antes de pelarlas.
- Triturar las almendras con agua (1 parte almendras por 3 partes agua). Cocer a fuego bajo durante 5-10 minutos con una pizca de sal marina. Colar la leche.
- En la pulpa restante, añadir 2 partes más de agua y cocer a fuego lento durante 15-20 minutos. Colar y mezcla las leches obtenidas de la primera y segunda cocción.
- Endulzar la leche de almendras con endulzante natural al gusto (opcional).

La pulpa restante de almendras se puede integrar en las cremas de cereales para los desayunos.

Ingredientes

· 2 manzanas (peladas, troceadas y rociadas con un poco de zumo de limón para prevenir que ennegrezcan)
· 2 melocotones (pelados y troceados)
· aceite de oliva
· una pizca de sal marina
· canela en polvo
· 3 c.s. de nueces troceadas

Salsa de algarroba:

· ½ taza de leche de arroz
· 2-3 c.s. de polvo de algarroba
· 1 c.s. de endulzante natural
· ½ c.c. de ralladura de naranja

Wok de fruta salteada con nueces y salsa de algarroba

• Para hacer la salsa, calentar ½ taza de leche de arroz y añadir el polvo de algarroba hasta obtener una salsa espesa, endulzar con el endulzante natural y añadir un toque de ralladura de naranja.

• Calentar una sartén, añadir el aceite, la fruta y la pizca de sal marina. Remover con una espátula de madera durante 4-5 minutos. Espolvorear con un poco de canela.

• Servir con la salsa y decorar con las nueces.

Papillote de frutas y frutos secos

- Mezclar todos los ingredientes en una fuente grande.
- Cortar 4 hojas de papel vegetal para horno (aprox. 30 x 30 cm). Colocar dos de ellas superpuestas (una sola podría filtrar los jugos de las frutas al cocerse) en la bandeja del horno y seguidamente la mitad de la mezcla de los ingredientes.
- Cerrar con cuidado el paquete, debe de quedar holgado, pero cerrado herméticamente, para que el vapor circule sin salir al exterior. Proceder con el resto de los ingredientes para el segundo paquete.
- Pincelar el exterior del papel con un poco de aceite para que no se reseque y cocinar en un horno precalentado a 180 °C. durante 20 minutos.
- Servir inmediatamente.

2 personas

Ingredientes

· 1 manzana
· 1 pera y 1 melocotón troceados en gajos medianos
· 2 plátanos cortados en rodajas gruesas (poner unas gotas de zumo de limón para que no ennegrezca la fruta)
· 4 dátiles naturales troceados
· ½ c.c. de canela en polvo
· 2-3 c.s. de almendras tostadas y peladas
· 2-3 c.s. de nueces
· una pizca de sal marina
· 1 c.s. de ralladura de limón
· 2 c.s. de melaza de cebada y maíz o miel de arroz (endulzante natural)

Ingredientes

· 2 tazas de agua o jugo natural de manzana
· una pizca de sal marina
· 3 c.s. de pasas
· 1 vaina de vainilla natural
· 1 taza de cuscús blanco
· 2 c.s. de ralladura de naranja
· ½ taza de avellanas tostadas y troceadas
· 4 c.s. de polvo de algarroba
· ½ taza de leche de arroz
· coco rallado
· fresas u otra fruta con color

Pastel de algarroba y avellanas

- Cortar la vainilla a lo largo y cocer con el agua o jugo, la sal y las pasas durante 15 minutos. Con la ayuda de un cuchillo puntiagudo, rascar el interior de la vainilla y añadirlo al líquido. Retirar la vaina.

- Llevar el líquido a ebullición de nuevo. Añadir el polvo de algarroba al gusto y el cuscús. Tapar y apagar el fuego, dejar reposar 10 minutos.

- Añadir al cuscús ya cocido las avellanas troceadas y la ralladura de naranja. Mezclar bien.

- En un molde de paredes desmontables, presionar bien la mezcla y dejar enfriar completamente.

- Diluir el polvo de algarroba con la leche de arroz hasta obtener una salsa espesa. Se le puede añadir un poco de endulzante natural si se desea (miel de arroz).

- Desmoldar la tarta con cuidado, decorar con la salsa de algarroba, coco rallado y fresas. Servir.

Bocadillo vegetal dulce

- Mezclar la mantequilla de cacahuete con el endulzante natural para conseguir una consistencia fácil de untar (si se mezcla bien, no hace falta agua).
- Untar el pan con la mezcla junto con un poco de mermelada de fresas natural y láminas de plátano. Servir.

Ingredientes

- · pan integral
- · 2 c.s. de mantequilla de cacahuete
- · 1 c.s. de endulzante natural (miel de arroz, melaza de cebada y maíz…)
- · mermelada natural de fresas
- · plátano troceado en láminas (rociar con unas gotas de limón para que no ennegrezcan)

Acerca de la autora

Montse Bradford Bort, barcelonesa de nacimiento. Establecida en Inglaterra desde 1978 hasta el 2006, año en el que se traslada a Barcelona, ha estado desarrollando su carrera profesional como pionera en el campo energético de la salud integral por toda Europa.

Escritora, creadora y fundadora de La alimentación natural y energética, terapeuta de psicología transpersonal y del arte de la curación vibracional. Ha impartido charlas, cursos de formación y conferencias por toda España, Europa y Sudamérica.

Desde temprana edad se empezó a interesar por todo lo relacionado con la salud y la armonía interior. Ha estudiado y vivido en diferentes países, ha estudiado con destacados profesores del campo de la alimentación energética y se ha formado como terapeuta de curación holística.

Entusiasta de la innovación y la investigación, ha sabido complementar estas disciplinas para ofrecer seminarios únicos, con poder de autotransformación y salud integral.

Ha sido galardonada por la Fundación José Navarro con el Premio Verde 2008 por su obra y trabajo a favor de la alimentación responsable y el desarrollo sostenible.

De sus obras más recientes destacan:
- *La alimentación natural y energética*
- *Alquimia en la cocina*
- *Las verduras del mar*
- *La alimentación de nuestros hijos*
- *El peso natural: Cómo eliminar el sobrepeso*
- *La cocina de la abuela*
- *La alimentación y las emociones*
- *Transforma tu alimentación con Montse Bradford. Aprende paso a paso cómo estar sano y vital*

También ha lanzado a nivel mundial:
- Una aplicación gratuita para móvil: Alimentación Energética, de la cual miles de personas se benefician.
- El curso de formación de Alimentación Natural y Energética a distancia.

Entre sus actividades destacan:
- Directora de alimentación energética en el Instituto Kushi de Londres.
- Fundadora, directora y profesora del centro residencial de Salud Integral de Brighton (Inglaterra).

❖ Fundadora de las escuelas de cocina en Bath (Inglaterra) y en Barcelona, donde actualmente imparte sus cursos de formación de alimentación natural y energética, seminarios monográficos, cursos avanzados y de profesorado.

❖ Ha impartido clases en diferentes escuelas universitarias.

❖ Participa en programas de radio y televisión.

❖ Colabora con un número destacado de revistas nacionales.

❖ Participa regularmente en ferias y congresos.

Su interés y su pasión es ayudar al ser humano a conocerse a todos los niveles, observando la dinámica energética que fluye en nosotros, resultado de todas nuestras vivencias, e intentando aportar armonía y equilibrio a nuestros cuerpos: físico, emocional y mental. Así como que reconectemos con nuestra voz interior para crear y difundir paz en nosotros y en el planeta.

Contactos:
La Alimentación Natural y Energética de Montse Bradford
En Barcelona: 618287484
Correo electrónico: info@montsebradford.es
Página web: www.montsebradford.es

Índices

Índice de recetas

Índice general